Armin Mueller-Stahl
Die Jahre werden schneller

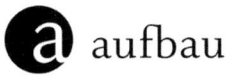 aufbau

Armin Mueller-Stahl

Die Jahre werden schneller

LIEDER UND GEDICHTE

Mit 68 Bildern und Zeichnungen

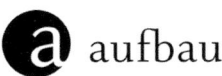 aufbau

ISBN 978-3-351-03316-3

Aufbau ist eine Marke der Aufbau Verlag GmbH & Co. KG

1. Auflage 2010
© AufbauVerlag GmbH & Co. KG, Berlin 2010
Einbandgestaltung hißmann, heilman, hamburg
Typographie Peter Birmele, Berlin
Druck und Binden Offizin Andersen Nexö, Leipzig
Printed in Germany

www.aufbau-verlag.de

Für Werner Pauli,
meinen langjährigen Begleiter und großartigen Gitarristen

Ich schwur ihr treue sie laechelte klug

Ich fing mir das laecheln und drueckt es im flug

Ueber die mauer *ander* *of* *ym*

Im hohen bogen sind *w* *darong*

Doch leider zu *tief* *ich* *es* *uekrscht*

Mit beulen am kopfe *nur* *ich* erwacht....

Herzenssachen

ALS ICH NOCH EIN GEDANKE WAR
Da war ich schon lange viel mehr
Wusst schon im Januar
Dass ich vier Wochen war
Nur meine Mutter wussts nicht …

(1964)

ACH WENN DIE PFORT DER EINFAHRT SICH SCHLOSS
Ach, Elsbeth, dann kamest du
Ach, Elsbeth, ziehn wir den Vorhang zu
Werden vom Dunkel zugedeckt
Und von der Liebe zart aufgeweckt
Salz dein Aug für die Träne, Elsbeth
Ach, Elsbeth, du bist nicht gut
Ist kein Salz mehr in der Träne
Ist die Liebe ohne Glut

Und kam der Mond besoffen schon
So voll dass gibts nur ihn
Und war er uns zu neugierig?
Drückten wir ihm die Augen zu
Und tranken das Helle zum Dunkel aus
Salz dein Aug für die Träne, Elsbeth
Ach, Elsbeth, du bist nicht gut
Ist kein Salz mehr in der Träne
Ist die Liebe ohne Glut

Ach, Elsbeth, dann flossen die Tränen dir
So süß durch die salzige Nacht
Ich sagte dir wie die Andere war
Du hast nur gelacht
Da raschelten deine Kleider sacht
Hast mit der Nacht dich fortgemacht
Salz dein Aug für die Träne, Elsbeth
Ach, Elsbeth, du bist nicht gut

Ist kein Salz mehr in der Träne
Ist die Liebe ohne Glut

Doch Elsbeth das Tor, der Mond und die Nacht
Dein Herz und dein Bett wenn ich's hätt
Ich schimpfe nach außen nach innen ich wein
Elsbeth bitte nein
Gehangen, gefangen, ich baumle im Strick
Ach, Elsbeth, komm her doch du kommst nicht zurück
Salz dein Aug für die Träne, Elsbeth
Ach, Elsbeth, du bist nicht gut
Ist kein Salz mehr in der Träne
Ist die Liebe nicht mehr gut

(1963)

EIN MENSCH IST GEMEIN
Ein Mensch ist nicht fein
Ein Mensch ist nicht rein
Ein Mensch will so sein
Nur beim Menschenmachen
Kann man manchmal lachen

(1965)

WENN DIE HERBSTBLÄTTER FALLN
Dann falle ich auch
Falle auf die Anna dann
Ausgezogen und was dann?
Neunmal Mond am Apfelhimmel
Und dann kommt er angeflogen
Landet sanft auf ihrem Nabel
Hat ein Töchterchen im Schnabel.

(1965)

ICH KAUF DIR EINE BLUME
Die passt zu deinem Kleid
Und bald ist wieder Frühling
Und eine gute Zeit

Was kaufst du eine Blume
Hab nicht danach gefragt
Ich hab zu deiner Liebe
Noch lang nicht ja gesagt

Dann sag doch bitte ja
Ich lieb dich ungeheuer
Und glaub mir eine Blume
Ist dafür nicht zu teuer

Das ist's was ich stets höre
Ich lass dich besser laufen
Sollt ich dich einmal lieben
Brauchst du mir nichts zu kaufen

Noch kann ich dich nicht lieben
Bin nicht dazu bereit
Kann sein am End des Tages
Ist es vielleicht soweit …

(1966)

Wolke, kommend und gehend.

...rost, sagte Hermann.

Prost.

Prost.

Prost.

Prost.

Die Gläser ...hrten sich über d...

Dann werde ich mal, sagte

Du? Ich bin dran, sagte Herm...

kein grelles

Findest du d...

Ja.

Nebel

1997

KOMM'N DIE WOLKEN IN DEN GARTEN
Steigt der warme Duft von Nelken
In den Himmel zu den Schwalben
Und ich seh die Nelken welken

Mit den Wolken kommt die Liebe
Auch an ihren kalten Schluss
Weiß der Himmel nur warum
Ich mich dann verändern muss

Beide friern wir ungeheuer
Und sie klammert sich an mich
Was du immer hören wolltest
Sag ich jetzt ich liebe dich

Karin, ach ich bin verändert
Warum hast dus mir gesagt
Besser wärs du hätt'st geschwiegen
Und ich hätte dich gefragt

Nun da ich es weiß, verzeih
Ist die Liebe aus dem Sinn
Meine steigt grad zu den Wolken
Irgendwo fliegt sie dahin

(1964)

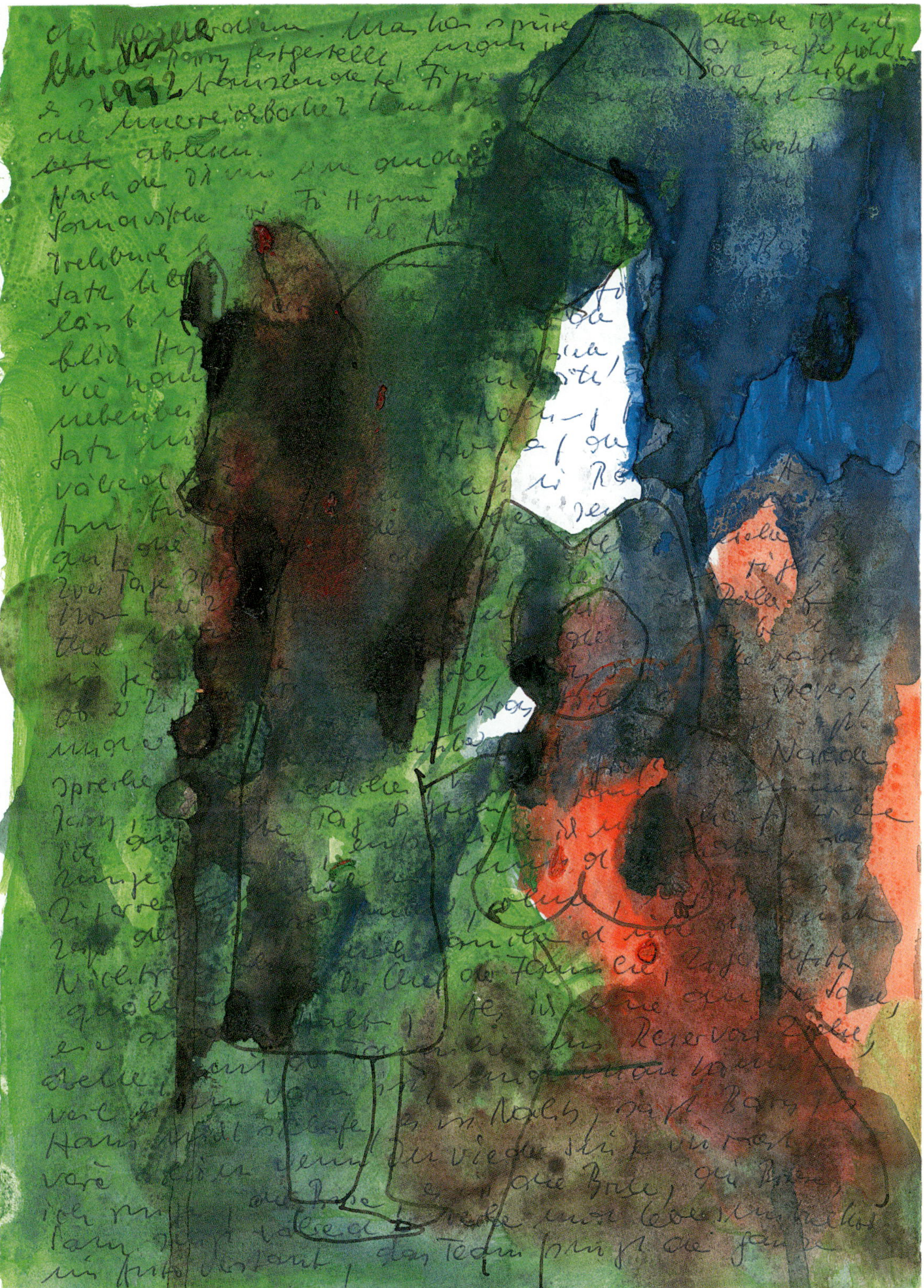
Halle
1992

ERST ZÜNDET SIE SICH EINE ZIGARETTE AN
Dann zündet sie ihren Mann an
Beides brennt lichterloh
Vom Mann blieb nur Asche
Von der Zigarette hingegen
Eine Kippe
Mit geschminkter Lippe

(1966)

N.Y. FLUGHAFEN/SECURITY

Rebecca nähert sich der Körperkontrolle des Flughafens und wird durchgewinkt. Im Hintergrund drängelt sich ein Fahrradkurier an den Wartenden vorbei. Er gestikuliert in Richtung Rebecca. (Hintergrundansagen, die die Location New York-Flughafen bezeichnen.)

                    FAHRRADKURIER
          Miss Fengler! He, Miss Fengler!
          Wait a moment…Sorry,Miss
          Fengler…

Rebecca hat sich umgedreht. Sie sucht nach der Stimme.

Der Bote ist am Kontrollpunkt angelangt und wedelt mit einem Umschlag.

Der Sicherheitsbeamte schaut skeptisch und ungnädig. Rebecca nähert sich.

                    FAHRRADKURIER
          This for you. Have a nice trip
          to the Krauts!

Der Bote reicht den Umschlag durch die Kontrollstelle. Der Sicherheitsbeamte betastet ihn und händigt ihn dann - immer noch vorwurfsvoll - an Rebecca aus.

                              SCHNITT ZU

Nein verehrtes publikum
So verehrt nicht bleibe stumm
Werde alt und vielleicht weise
Wenn ich jetzt zur letzten reise
Langsam meinen ranzen schnuere
Und zur loeber losmarschiere
Werde nicht nocheinmal bitten
Kann den abpfiff kaum erwarten...

da wo öl ist

Kenneth starr, eine filzlaus

Nahm die vierzig die er kriegte

MIR ZU TUPFEN
Tut sie rupfen
Die Gedanken
Denn ich denke nur an sie
Schnieke ri tum bum

Durch die Straßen
Bunte Tupfen
Gehn und schlupfen
Durch die Tür
Hin zu ihr
Schnieke ri tum bum

Diese Tupfen
Die da schlupfen
Das ist meine
Still ich weine
Sucht nach ihr
Schnieke ri tum bum

In dem Zimmer
Gar kein Schimmer
Was sie macht
In der Nacht
Weiß nur sie
Schnieke ri tum bum

(1967)

ANNA WAR IM BRÄUHAUS TANZEN
Und der Hansi buhlt um sie
Und er bringt sie spät nach Hause
Flötet heiß mein Mausetier

Und der Hansi traf ins Schwarze
Ließ die Anna da im Dreck
Turtelt um die schöne Karin
Flötet heiß mein Priemelspeck

Flötet heißer um die Grete
Um die Helga und Annett
Als sie runde Bäuche fühlten
War der Hansi schon weit weg

Und auch über allen Bergen
Ist er schwer auf Jungfernhatz
Kommt nun in den Kerker mit
Zugenähtem Hosenlatz

Hätt man früher zunähn solln
Den verdammten Hosenlatz
Kommt er raus dann ist er – klar –
Auch zugenäht auf Jungfernhatz

(1967)

Anna war im Braeuhaus tanzen
Und der hansi tanzt mit ihr
Und er bringt sie spät nach hause
Und nennt sie mein mausetier

Und der hansi traf ins schwarze
Dann ging er von anna weg
Und im Braeuhaus traf er karin
Und nennt sie mein priemelspeck

Dann auch noch die magre grete
Karin helga und annett
Als sie runde bäuche fühlten
War der hansi schon weit weg

Und auch über allen bergen
Ist er schwer auf jungsernhatz
Kommt nun in den kerker mit
Zugenähtem hosenlatz

DAGMAR MEINE LIEBE
Ist ordentlich rund
Und legt sie sich nieder
Und öffnet das Mieder
Und pfeift sie sich eines
Der ganz schlimmen Lieder
Dann dröhnt es
Und stöhnt es
Das wackelnde Bett

Dagmar meine Gute
Ist mächtig gesund
Sie hat eine Katze
Ne schwarzige Katze
Die hat eine weiße
Ganz kratzige Tatze
Nen Buckel und einen
Ganz bissigen Mund

Dagmar meine Schlimme
Geht nachts nackt zu Bett
Obwohl jetzt Dezember
Ein eisiger Monat
Da wünscht sie nen Mann
Der noch keinen Sohn hat
Und hat nur die Katze
Als Decke im Bett

Dagmar meine Dumme
Jetzt hat sie den Lohn
Jetzt kriegt sie und weiß nicht
Von wem einen Sohn

Der Mann kam herein
Die Tür machte klapp
Die Katze als Decke
War doch ziemlich knapp
Er hielt sie im Arm
Und machte sie warm
Dann huschte er fort
Verlassen der Ort

Naja naja du armes Ding
Jetzt hast du nen Sohn
Auch ohne Ring

(1967)

WARME SOMMERBLUMEN WARM DAS MEER
Gelbe Sommergarben bitte sehr
Voll der Mond und manchmal leer
Leicht der Wind und selten fair
Heiß die Liebe heiß der Teer
Hab im Arm dich manchmal quer
Deine Liebe ist so schwer
Doch dein Köpfchen ist so leer

(1968)

DER NEBEL DER ALTE KLAU
Stiehlt im Morgentau
Meine Frau
Nun liegt sie im Gras
Und macht bestimmt was
Das macht ihr Spaß
Ich find es gemein
Ich seh da nicht rein
Zum Nebel hinein
Der macht mich schrein
Ich hör sie zu zwein

(1968)

drehte er die geschichte

zu einer guten t...

und nun war der bann gebrochen

man log das die balken sich bogen

sehr wirkungsvoll hatten sie sich

vom schurcken zum helden gelogen

na klar sie wusstens sie hatten

gelogen wie gedruckt

und ihre schlechtesten taten

genuesslich wie wodka geschluckt

und keine luegen mein wort drauf

Der anwalt laechelte stumm

Wahrheit ist zwar sehr schoen

Doch ist sie meistens sehr dumm

zum schluss war auch er an der reihe

der ehrlichste gott seis geklagt

ein mann fuer die grossen noete

und in der stadt sehr gefragt

er sagte zum anwalt als du

SPIELT DER DONNER DIE POSAUNE
Und der Blitz zupft laut den Bass
Fängt der Himmel an zu feiern
Und die große Stadt wird nass

Alle Bäume tanzen Walzer
Und die Blätter machen Krach
Selbst die Kuh hört auf zu träumen
Und wird schnell ein wenig wach

Und zehntausend kleine Tropfen
Falln den Mädchen auf das Kleid
Und die dunkelrote Bluse
Wird ganz blass und viel zu weit

Spielt der Donner die Posaune
Und der Blitz zupft laut den Bass
Werden alle Mädchen traurig
Denn die Liebe die wird nass

(1968)

VIELE DOLCHE HAST DU MIR
In die Seele tief geschoben
Dabei wollten gestern Abend
Wir uns beide noch verloben

Nur vier Stunden in der Nacht
Hält die Liebe bei dir an
Dann ein Windzug und du bist
Wohl bei einem andern dran

Durch den Tag fließt still mein Blut
Aus den tausend Seelenwunden
Und ich hab mich bis zur Nacht
Redlich ohne dich geschunden

Doch am Abend ziehst du dann
Mir die Dolche aus der Seele
Dass ich dann vier Stunden lang
Dich mit meinem Dolche quäle

(1968)

Als Franziska frech geworden

Weg nach Norden schickt ich sie
Im Couvert, bitte sehr
Schickt sie als sie schlief
Weg als Eilpostbrief
Trug sie hin zum Postbriefkasten
Schob sie in den Kastenschlitz
Sagte paff nun wie du willst
Durch die Briefpostkastenritz
Denn sie rauchte wie ein Schornstein
Qualmte paffte und sie pustet
In den Himmel graue Wolken
Bis der Himmel Asche hustet
Nun kann sie nach Norden paffen
Mit der Eilpost durch die Luft
Hoffe bald in meinem Kopfe
Weht ein neuer bessrer Duft
Als Franziska frech geworden
Weg nach Norden schickt ich sie
Im Couvert, bitte sehr
Schickt sie als sie schlief
Weg als Eilpostbrief …

(1969)

MICH SCHIEBT DER WIND
Das himmlische Kind
Durch die Gassen
Nicht zu fassen
Durch die Pfütze
Meine Mütze
Fliegt im Wind
So geschwind
Ob ich sie mal wiederfind?
Schön haust der Wind auf der Allee
Auf der Schönhauser haust er schön
Da kann man die Dachziegeln flattern sehn
Da hebt er die U-Bahn hoch in den Himmel
In ihrem Leibe Menschengewimmel
Ach Katja sieh mich bitte an
Bin ich nicht der richtge Mann
Die U-Bahn über uns als Dach
Da hält der Krach uns lange wach
Und zeugen tun wir einen Held
Den einzgen auf der Jammerwelt

(1969)

In einer blauen Wolke
Schwimmt warmer Sommerwind
Ich halt in meinen Armen
Ein blasses schönes Kind

Vergangen sind die Jahre
Vergangen jenes Blau
Das Kind ist groß geworden
Und eine schöne Frau

Nun hält sie selbst im Arme
Im warmen Sommerwind
Und unter blauer Wolke
Ein blasses schönes Kind

(1967)

WIND BRINGT REGEN IN DAS LAND
Wasser aus dem Himmelsschlund
Und die Stadt versinkt im Wasser
Sind jetzt Fische Katz und Hund

Und die Schrift verwäscht das Wasser
Abschied von der Anna mir
Und ich stehe als ein Blasser
Und ich blicke aufs Papier

Eine ganz gemeine Böe
Reißt es weg mir aus der Hand
Und ich blicke in den Himmel
Wo der Abschiedsbrief verschwand

Und die große graue Wolke
Wo der Brief verschwunden ist
Schwimmt am Himmel schwer und weinet
Weil sie eine graue ist

Und ich stehe da im Regen
Als ein armer nasser Mann
Und ich stehe da und finde
Ganz zum Schluss fängts wieder an

(1967)

Armen

THE PEACEMAKER

604

PEACEMAKER PRODUCTIONS LLC : 42-7-3TEL : 42-7-371 882/ 37
OLIBA STUDIOS, BRECTANOVA 1
K-833, 14 BRATISLAVA
LOVAKIA
FAX : 42-7-377 304

Date :SUNDAY 23, JUNE
Shoot Day : 19
Shoot Call : 8:30AM

4:53am
8:54pm

Producer: BRANKO LUSTIG
Director: MIMI LEDER

1ST UNIT

CREW CALL : WRAP-UP
7:00A ON S

SET	SCENE	CAST	ON PAGE	LOCATION
XT. VIENNA SQUARE DIMITRI MEETS DEVOE & KELLY	75, 75A	1,2,3		Michalska + Halvne Nam

No.	CAST & DAY PLAYERS	WHTREP	CHARACTER	P/U
1	GEORGE CLOONEY			07:00
2	NICOLE KIDMAN			07:00
3	ARMEN MEULLER STAHL			07:00A

ATMOSPHERE

Holding area: LOCATION BASE : PAN Street

1x Female Stand-In
2x Male Stand-ins
10 STREET MUSICIANS

Carriages

envelope, package
umbrella

ADVANCE SCHEDULE

SHOOTING DATE

				LOCATION/NOTES
DAY 20 MONDAY, JUNE 24				Primacialny Palac
DAY 21 TUESDAY, JUNE 25	EXT VIENNA	3, 8, 71	2 4	arksla & Kapitulska

First assistant directors
Stephen Buck
Zoran Sudar

Second assistant director
Justine Moakes

manager
ovic "Joss"

Co-producer/Upm
Pat Kehoe

ACH WIE HOL ICH SIE ZURÜCK
Dies verruchte Weiberstück
Ist doch meine große Liebe
Wenn die Liebe doch nur bliebe
Wenn sie fort im Westen ist?

Steh allein auf einer Brück
Nein ich hol sie nie zurück
Dort am Wasser die Genossen
Haben ach auf sie geschossen
Färbt die Spree sich blutend rot
Da schwimmt meine Liebe tot …

(1977)

Ach wie hol ich sie zurück
Dies verruchte weiberstück
Dies verruchte weiberstück?
Glaub mir holst du nie zurück
An der Mauer wird geschossen
Von Genossen angeschossen
Faerbt die Spree sich blutend rot
Da schwimmt deine Liebste tot

Gaukler

DER MANN MIT DEM BAUCHLADEN
Verkauft viele Sachen
Und schenkt den kleinen Kindern
Einen Frosch zum Lachen
Und der quakt und zappelt dann
Hoppelt wieder zum Bauchladenmann
Und hockt auf seiner Schulter

Der Mann mit dem Bauchladen
Hat eine Violine
Und wenn er spielt dann kratzt es sehr
Er spielt mit trauriger Miene
Und ist zu allen Kindern gut
Er trägt einen rosaroten Hut
Und schenkt den Kindern seine Lieder

Der Mann mit dem Bauchladen
Hat einen großen Hund
Den hat er von den Kindern
Und das hat seinen Grund
Der wacht beim alten Bauchladenmann
Damit ihm nichts passieren kann
Von schlechten bösen Leuten

(1958)

GESCHEHNISSE

Wind bringt Regen in das Land
Schüttet ihn aus großer Hand
Drückt ihn an die Fensterscheiben
Spielend Zeit sich zu vertreiben
Komm ich zeige dir die Scheiben
Dieses Regenmustertreiben
Diese Wassergaukeleien
Wie es prasseln kann und schreien
Wie die dicken fetten Tropfen
Schluckend kleinre rein sich stopfen
Mit den Wasserbäuchen schaukeln
Tanzend fressend saufend gaukeln
Wie die dicken Wänste platzen
Ihre Gesten ihre Fratzen
Schiebt und drängelt kreuz und quere
Fällt dann platzend in die Leere
Wie sie sich brutal verschlingen
Wie sie mit dem Leben ringen
Dieses Purzeln dieses Wühlen
Ob die Tropfen Menschen spielen?

(1965)

Flutwelle 67?

Wind bewegt die kirchenglocken
Wind umarmt der liebsten locken
Wind fegt um den eichenbaum
Wind wuehlt auf den Meeresschaum
Wind verzweifelt will nicht ruhn
Wind ist wehend fliegend tun
Wind und Meer und ohne wecken
Kamen beide zuzudecken
Ach, dreitausend arme Seelen
Liess nicht eine Seele fehlen
O, die Welle hoch am Ort
Trug die Menschen mit sich fort
Zurueck blieb eine tote Stadt
Die nie wieder Menschen hat

O, DIE SONNE GEHT DEM SCHNEEMANN
Auf das Herz und auf die Nuss
Er geht nieder in die Kniee
Weil er jetzt verschwinden muss

Kommt mit seiner blauen Mütz
Kleiner Moritz an die Pfütz
Sieht da nur die Sonne drin
Ach, der Schneemann ist schon hin

Und es weint der Moritz sehr
Pfütze lass den Schneemann raus
Der stand hier ganz dick und groß
Und ist weg und ist jetzt aus

Sagt die Sonne weine nicht
Kleiner blauer Pfützenmann
Nimm die Pfütze mit nach Haus
Hast 'nen Pfützenschneemann dann

Und da lacht der Moritz wieder
Schiebt ganz stolz die Brust heraus
Und in seiner blauen Mütz
Trägt die Pfütze er nach Haus

Doch zu Hause angekommen
Weint der Moritz noch viel mehr
Denn in seiner blauen Mütz
Ist die Pfütze auch nicht mehr

(1973)

MANCHMAL TAUT DER SCHNEE NICHT WEG
Weil das Wasser ihm zu kalt ist
Und die Schule läuft zum Kind
Weils zur Schule viel zu weit ist
Und das Haus geht in den Mensch
Und der Wald springt in das Reh
Das Klavier spielt auf dem Mann
In die Leute steigt der See
Und der Fluss fließt auf den Berg
Elefant ist nur ein Zwerg
Und der Walzer ist ein Marsch
Und man tritt sich selbst in' Arsch
Manchmal

(1965)

Chris'oph noch me passiert...

immer ueberlege ich, was das fuer Folgen haben koennte... Das ist

haette ich sofort fragen muessen, aber... aber... ich bin eben feige

sowieso erst immer hinterher ein; meistens fällt in diesem Falle

hinterrum aber ich bin so ein Typ? Die richtigen Antworten fallen mir

gefragt, warum war ich zu feige? Immer mache ich mir Vorwuerfe

beantworten muessen? dachte ich. Warum habe ich das nicht laut

beantworten koennen! Wie kurz haette ich sie fuer eine Eins

der Herren, wieso? Eine Vier? Sie haetten die Fragen kuerzer

war gut, wusste alles, wieso schaeme ich mich? Eine Vier? sagte einer

bereits, weg, in den Erdboden; ich schaeme mich Aber warum? Ich

Er dehnt und streckt sich nach unten, mit dem Kinn versucw mde ich

Wie unergruendlich wollen Sie es denn wissen? dachte ich. Kopfschuell!

wissen.

Lenn... einer von dreien, so gruendlich wollen wir es gar nicht

Ich friere wenn ich nicht trinke
Wenn ich trinke bin ich guter Dinge
Wenn ich nicht trinke bin ich nicht guter Dinge
Also trinke ich doch lieber

Dann tut sogar der Himmel so
Als wär er guter Dinge
Als zöge er nach Süden
Sich einmal aufzuwärmen
Ich schlucke
Den Süden in mich hinein
Und springe ins Wasser
Und wärme das Meer
Bin der Ofen für die Fischlein
Und leg das Meer
Am Ende quer
Dann rutscht die Sonne
Mir in den Schoß
Ich wärme sie in meiner Hand
Und rolle sie wie einen Kloß
Durch den nassen
Und kalten Sand

(1966)

104   ABOVE WATER   104

        Ryan breaks the surface, gulps air and coughs--discovers   *
        he's floating in the river and: *

        A MAN (the fisherman)   *

        Swims towards him. The SOUND of someone shouting from:

        THE SHORE

        It's Rocky waving frantically, pointing and:

        IN THE RIVER

        Ryan pulls hard toward: *

        THE MAN

        But, it is unclear if the Man sees:

        RYAN   *

        With his arm extended, reaching desperately. The Man about
        to pass him by, his hand comes up for another powerful stroke
        and:

        Their hands connect!

        AT THE RIVER'S EDGE

        Rocky exults.

                        ROCKY
                Hang on, Ryan!   *

        IN THE RIVER

        Ryan, safe in the Man's arms, looks at the opposite shoreline *
        where his adventure began. An ambiguous expression on his
        face.

                                                    CUT TO:

105   INT. RYAN'S BEDROOM - LATE AFTERNOON   105*

        Orange rays mottle the room. Ryan's telescope pointed out   *
        the open window toward the heavens.

        CAMERA drifts over the MOON CHART and draft paper on Ryan's *
        desk. We half expect to find that face Grandpa drew of "The *
        Man in the Moon."

                                              (CONTINUED)

Ein begabter Tenor,
die Frauen waren verrückt nach ihm,
endet auf der Straße.

WARST EIN STAR IN JENEN TAGEN,
Frauen rauften sich um dich.
Selbst der Papst gab dir die Ehre,
Auch die Scala rührte sich.

Deine Stimme brach Barrieren,
Löste Feindschaft, brachte Glück,
Doch auch du fielst hoch vom Himmel
Auf die Erde tief zurück.

In die Gosse, mit zwei Hunden,
Nur Gekrächze statt Gesinge.
Gebt mir was, hier ist mein Hut,
Dass ein Frühstück mir gelinge.

Siehst die Menschen, die stolz flitzen,
Siehst die Mädchen, die flanieren,
Lassen dich im Abfall sitzen,
Niemand sieht dich beim Spazieren.

Warst doch mal ein großer Sänger.
Ist das Glück, im Rinnstein sitzen?
Ist das Leben, wenn du siehst
In dem Hut 'ne Münze blitzen?

Warst ein Star in jenen Tagen
Frauen rauften sich um dich
Selbst der Papst lag auf den Knien
Sprach euch heilig, dich und sich

Deine Stimme brach Barrieren
Loeste Feindschaft brachte Glueck
Doch auch du faelst hoch vom Himmel
Auf die Erde tief zurueck

In die Gosse mit zwei hunden
Kraehe lauter alter Gockel
Gebt mir was, ich habe Hunger
Haeltst den hut auf deinem Sockel

Hin den Menschen die stolz flitzen
Hin den Maedchen die flanieren
Lassen dich im Abfall sitzen
Niemand sieht dich- sie spazieren

Wache auf du armer Mann
Ist das Glueck? Im warmen sitzen?
Ist das Leben? Wenn du siehst
In'dem hut ne Muenze blitzen

Nimm die Hunde und zieh los
Bist ein armer hund gewesen
Nimm den heine dir zur Hand
Hast du schon verlernt das Lesen?

Lass die Hunde von der Leine
Lass sie in die Freiheit ziehn
Kommst doch selber auf die Beine

Nimm die Hunde und zieh los,
Bist ein armer Hund gewesen,
Und dein Mut ist nicht verbraucht,
Auch die Stimme kann genesen.

Lass die Hunde von der Leine,
Lass sie in die Freiheit ziehn!
Kommst doch selber auf die Beine,
Kannst dem Abfall noch entfliehn.

Da brachen auf die Wunden,
Da stürzt' mit wilder Macht
Aus Kopf und Brust der Blutstrom,
Und sieh: Er ist erwacht.

(1972)

George C. Scott

So sehe ich ihn vor mir
Den Kopf in die Linke gestützt
Auf ein Schachbrett blickend
Alleine spielend
Wodka neben sich
Da hellten sich seine Züge auf
Da fand er seine Gemeinde
Seine Gegner seine Feinde
Die er so brauchte und
Die ihn erst einmalig machten

Meist blickte er ernst und verschlossen
Schauspieln ist Arbeit macht verdrossen
Immer lachen Freude zeigen?
Oje oje
Lieber will ich noch mit achtzig
Auf dem Wodka kräftig geigen
Und mich ohne Lachen zeigen
Nicht dies kalte Mundaufreißen
Kannst die Leute nicht bescheißen
Lachen musst im Bauche fühlen
Lispeln Stottern Bauchrausstrecken
Nachzuäffen wie die Gecken
Das ist reiner Schmierenkietz
Venice aufm Ringelpietz
Zum Wohle
Nichts für mich

Ließ mich nie vom Gelde locken
Zugegeben ohne Zocken
Lief auch bei mir nichts das ist klar

Ich hab Mitleid mit Kollegen
Die sich allem Mist verkaufen
Nie um Qualität sich raufen
Ein ganz verkorkster Schmierenhaufen
Wie sie um Karrieren laufen
Deshalb trink ich auch auf sie
Zum Wohle
Werden Nutten die da pennen
Mit Producern aber flennen
Wenn sie tingeln sich vermarkten
Und am Schluss mit Herzinfarkten
Arme Hunde was ham sie?
Ham am Leben vorbeigelebt
Warn im Herzen niemals Gaukler
Immer brav und gut erzogen
Haben wie Wolken sich verzogen
Zum Wohle

Und der Oscar mir geschenkt
Hab ich im Klosett versenkt
Nehm den Ärger gerne auf
Ist Schauspieln Hundertmeterlauf?
Da siehste klar wer ist der Beste
Bei den Gauklern was ist da?
Da ist der Letzte oft der Beste
Kriegt vom Gelde nur die Reste
Was vom Star nicht eingesackt

Liess mich nie vom gelde locken

Bitte sehr doch ohne zocken

Lief auch bei mir nichts so geschehen

Hab mich nie fuer mist verkauft

Hab fuer qualitaet berauft

Und hab mitleid mit dem gaukler

Der sich dem viereck verschreibt

Wird zur hure der es treibt

Mit den medien mit dem markte

Und am ende ein infarkte

Nein kollege nichts fuer mich

Sowas nenn ich widerlich

Was dem menschen dient zum zeichen

Damit schafft er seinesgleichen

Und der oscar mir geschenkt

Hab ich im klosett versenkt

Nehm den aerger gerne auf

Ist schauspieln hundertmeterlauf

Da siehst es klar wer ist der beste

Und sieht dazu noch wer der letzte

Doch bei den gauklern sieht man nichts

Da ist der letzte oft der beste

Kriegst vom gelde nur die reste

Mich ergötzen Charaktere
Menschen Geister Hauptakteure
Wie der Patton-General
Käuze Schurken allemal
Kleine miese Angestellte
Jemand der die Zeche prellte
Helden Schwule und Piraten
Alte Junge und Soldaten
Solche habe ich gespielt
Mich in sie hineingefühlt
Und auch mal mit null Moneten
Und blieb drin in allen Nöten
Zum Wohle

Nein, verehrtes Publikum
So verehrt nicht bleibe stumm
Werde alt und vielleicht weise
Wenn ich jetzt zur letzten Reise
Langsam meinen Ranzen schnüre
Und zur Hölle losmarschiere
Werde nicht noch einmal starten
Kann den Abpfiff kaum erwarten
Zum Wohle …

(1984)

ACH, DIE JAHRE WERDEN SCHNELLER
Dreht sich schneller der Propeller
Und das Publikum ist hart
Wenn es deiner nicht mehr harrt
Stößt von oben dich hinab
In das tiefe Schweigegrab
Was von mir dann übrigbleibt?
Wenn ich Glück hab sag ich dir
Wächst der wilde Mohn auf mir

(1967)

BIN NACH AUSSEN GUTER DINGE
Auch wenns mir innen dreckig geht
Heute nur noch meinen Auftritt
Hab ich den Gashahn zugedreht?

Mir ist kalt und wieder heiß
Wann geht heut der letzte Bus?
Gehe meine Texte durch
Weil ich schnell nach Hause muss

Sitze seitlich von der Bühne
Still mein Stichwort bin gleich dran
Hab ich den Gashahn? Ja ich hab
Oder nicht? Ich ruf sie an

Keiner da ist was passiert?
Muss gleich raus das Licht zu grell
Diese Scheinwerfer zum Kotzen
Bin mit meinen Texten schnell

Meine Frau gelähmt im Rollstuhl
Hab doch den Gashahn zugedreht
Nicht? Hallo hallo mein Stichwort
Keine Antwort ob sie lebt?

(1978)

Gaukler

Bin nach aussen guter Dinge
Auch wenns mir innen dreckig geht
Heute nur noch meinen Auftritt
Hab ich den Gashahn zugedreht?

Die kantine ist ein witz
Wann geht heut der letzte buß?
Gehe meine Texte durch
Weil ich schnell nach hause muß

Sitze seitlich von der bühne
Hinter schmalen bühnentüren
Hab ich den Gashahn zugedreht?
Es ist kalt sie soll nicht frieren

Jetzt noch eine letzte nummer
Bin dann dran das licht zu grell
Diese Scheinwerfer zum Kotzen
Bin mit meinen texten schnell

Meine frau gelähmt im rollstuhl
Hab ich den gashahn zugedreht?
Hab noch versucht sie anzurufen
Keine Antwort. Ob sie lebt?

DER GAUKLER

Kann nich leiden wenn Leute kieken
Wenn ick ma einkoofen jeh
Und ick valleicht noch unrasiert bin
Und een Fleck uff meiner Hose seh

Und denn sajt son janz sensibler
Im Film hat der doch dicket Haar
Da kannste nu ma sehn
Im Kintopp is nischt wahr

Ick bin schon Gaukler über fünfzehn (sechzich) Jahr
Bin Tragöde bin der Narr
Bin der Bettler bin der Könij
Und ick weene ma een wenij
Doch ick lache wie een Kind
Wenn de Leute jlücklich sind

Neulich sagt zu mir die Postfrau
Ja, sie ham ja een juten Ruf
Doch sajn Sie mal ehrlich
Wat machen Sie so von Beruf?

Samstags sonntags ja das weeß ick
Bringen Sie die Leut zum Lachen
Nee ick meine wochentags,
Wat Sie da so richtiget machen

sie zu quaelen hast begonnen

sie betrogen geschlagen aus dem hause gejagt

hab ich sie und die arme genommen

daraus ist ein kind geworden

ich hoffte du wuesstes es schon

deine frau und ich sind stolz auf den jungen

er ist dein (mein) ehrlichster sohn

sie sassen und schwiegen am skattisch

mindestens eine stunde

dann sagte der anwalt bedrohlich

erregt mit trockenem munde

das ist kein spiel mehr das ist

der allergemeinste verrat

von mir aus sollst du verrecken

fuer diese schlechteste tat

die anderen nickten und machten

sich fertig nach hause zu gehen

sie waren entschlossen und wollten

ihn nie mehr im leben sehen

Ick bin schon Gaukler über fünfzehn (sechzich) Jahr
Bin Tragöde bin der Narr
Bin der Bettler bin der Könij
Und ick weene ma een wenij
Doch ick lache wie een Kind
Wenn de Leute jlücklich sind

Jestern steh ick uffm Alex
Sajt ne Frau ach bitte ham
Se vielleicht für meine Tochter
Son hübschet Autojramm?

Und schon steh ick wieder jrader
Jrader als ick vor et hatte
Schieb in meine rechte Schulter
Die nach links verrutschte Watte

Kiekt der Mann uff seine Frau
Dann uff mir mit kühlem Blick
Ist det nich der Marlon Brando
Is doch fast jenauso dick

Nee sajt sie een Doppelname
Hab vajessen wie der heeßt
Wat willste denn een Autojramm
Wenn de nich den Namen weeßt

Und ick denke an die Seiten
Wo denn keener mehr vielleicht kiekt
Und ick denke obs ma innen
Doch am Ende etwas piekt?

Kann dann in der Nase bohren
So wie jeder andre Mann
Keiner zeijt mehr mitm Finger
Ob ick das dann leiden kann?

Ick bin schon Gaukler über fünfzehn (sechzich) Jahr
Bin Tragöde bin der Narr
Bin der Bettler bin der Könij
Und ick weene mal ein wenij
Doch ick lache wie een Kind
Wenn de Leute jlücklich sind

(1967/2010)

Nach einem Theaterbesuch in der Volksbühne

Soll Funkensprühen aus den Augen
Am Theater nichts mehr taugen?
Was ist los am Hort der Lüste
O dreimal pfui, es ist so triste

(2004)

DDR

Vierzig mille die sind weg

Rausgeschmissen fuer nen fleck...

[handschriftlicher Text, unleserlich]

741

Auf und ab

Jeden Morgen lese ich die Zeitung
Die Berliner oder das ND
In beiden steht fast das Gleiche drin
Bei uns haut die Welt wenigstens hin
Bei uns gibts nichts zu beklagen
Es drängt dem Bessren nachzujagen
Und ich schlürfe beruhigt meinen Kaffee
Kaffee
Einen gehäuften Teelöffel Kaffee in die Tasse
Kochendes Wasser über den Berg am Grund
Schäumend tritt ein Meer nach oben
Schwarz und undurchsichtig
Aus Bläschen entstehen Inseln
Eisberge auf schwarzem Meer
Jetzt die Sahne
Einen halben Löffel etwa
Wolken steigen aus der Tiefe empor
Gewaltige Gewitter Unwetter Atompilze
Ziehen in das Rund der Tasse
Und ergeben allmählich
Das helle Braun
Das dampfend duftet
Nach frischem Leben
Und guten Morgen
Ich schiebe die Zeitung in die Tasche
Spüle den Mund mit dem letzten Schluck Kaffee

Und sage einmal mehr
Jeden Morgen dasselbe
Ich schlürfe die Zeitung
Und lese den Kaffee

(1968)

He unser Nationalgericht
Gedämpfte Zunge
Bald werden wir in Bautzen sitzen
Und müssen uns die Plauzen ritzen
Glaubt nicht dass wir weinen
Es sieht nur so aus
Weil:
Als wir dieses lasen
Unsere Augen schwitzten

(1979)

ADVANCED SCHEDULE

Mon, 18-11-91
DAY 18
INT.OTTO`S OFFICE
Sc.# 24(pt)

Tue, 19-11-91
RESTDAY

Wed, 20-11-91
DAY 19
INT.CONSTRUCTION SITE
Sc.# 100 A,100 B

Berlin, 16-11-91
AD´s Department
Gary Marcus/Eva Maria Schönecker

TRANSPORT

8:1 p.m.
8:15

Bus 2
Juschka

Bus
Armin Bach

Limousine
Armin

Tom Spi
Steven W
Peter Uk
Oliver Lumbe
Caroline Teyssiere
Oliver Hei
Sa h Boven epen
No ola

Make Bus
Wa drobe Bus
Mo ome
Cate ng ruck
Dini
Sound Van

on location   8:00
                   8:00
                   8:00
set up and ready to serve   8:00
                   8:00
on location   8:00

Transportation Department/Armin Bach

/Steven Williams

Own arrangement   Claudia Beckmann   own arrangement

Walter U.

Im Radio sagt ers und im Fernsehn
Und in der Zeitung sagt ers so
Wir haben eine Friedensmauer
Und Freiheit na, die sowieso
Wie haben wirs geschafft
Er sagte es genauer
Wir haben des Bürgers Glück
Erreicht durch eine Mauer

(1961)

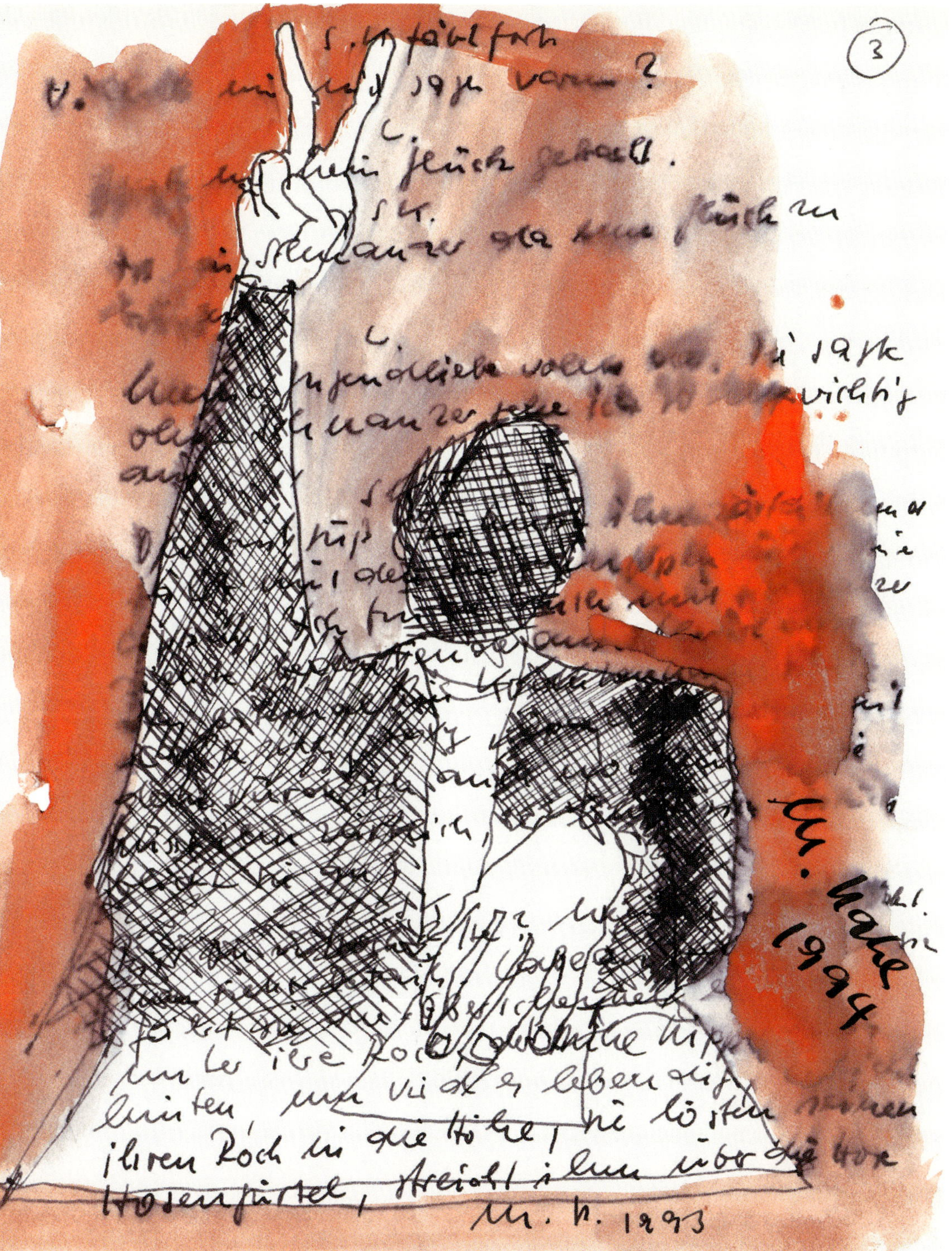

MANCHMAL TRÄUMTE ER ER KÖNNE
Fliegen in den Himmel sacht
Und er flöge wie ein Falke
Durch den Tag und durch die Nacht
    Dann und wann gibts einen Mann
    Der wien Vogel fliegen kann

Eines Tages konnt ers wirklich
Und er flog hoch auf der Stadt
Und er segelt wie ein Falke
Durch den Tag und durch die Nacht
    Dann und wann gibts einen Mann
    Der wien Vogel fliegen kann

Alle Welt stiert in den Himmel
Und die Staatsmacht sagt vorbei
Keiner darf wien Vogel fliegen
Der im Pass ein Mensch noch sei
    Dann und wann gibts einen Mann
    Der wien Vogel fliegen kann

Heute fliegt er hinter Wolken
Denn ihn sucht die Polizei
Gestern war der Mond kurz dunkel
Da flog wohl der Mann vorbei
    Dann und wann gibts einen Mann
    Der wien Vogel fliegen kann

(1968)

78

Lied vom gerechten Verkehrspolizisten

Ach Hugo du bist kein Tambourmajor
Wirf den Stock nicht in die Luft
Du bist von der Verkehrspolizei
Damit nichts zusammenpufft

Hugo steht vor Köpenick
Dort regelt er den Verkehr
Er arbeitet viel mit seinem Stock
Doch mit der Pfeife mehr

Und hat er mal wen rangepfiffen
Mein Gott ich möchts nicht sein
Dann stempelt er er stempelt gern
Er stempelt gern dann stempelt er
Sogar den hohen Funktionär
Und auch das schlanke blonde Weib

Da kennt er keine Schlechtigkeit
Er ist für die Gerechtigkeit
Ein strenger Blick dann die Bescherung
Doch vorher noch eine Belehrung
Dann stempelt er und das muss sein
Vier Stempel in den Führerschein

Vor Köpenick besoffen sein
Sagt Hugo laut lasst lieber sein
Schon zieht er mit der Nase Falten
Schon hat er wen und lässt ihn halten
Denn Hugo selbst ist Autofahrer
Kennt Gefahren die es gibt

Drum fährt er klug und mit Verstand
Durch den Verkehr seinen Trabant

Neulich wars vor Köpenick
Voll Tragik ists was kommen muss
Da fuhr er klug und mit Verstand
Durch den Verkehr seinen Trabant
Bis dicht vor seine eigene Kreuzung

Noch weiß man nicht warums geschah
Vielleicht war zu viel Chaos da
Da fuhr er viel zu schnell bei Rot
Ach Hugo wärst du lieber tot
Als Einziger über die Kreuzung
Er ließ sich sofort selber halten
Sah noch der Ampel rotes Rot
Ihn traf sein eigener strenger Blick
Er hielt nämlich im Parkverbot
Dann stempelt er er stempelt gern
Er stempelt gern dann stempelt er

Doch diesmal war er ziemlich blass
Sein Auge wurde etwas nass
Ein strenger Blick dann die Bescherung
Doch vorher noch eine Belehrung
Dann stempelt er und das muss sein
Sich selber die vier Stempel rein
Und noch ein Hunderter dazu
Erst jetzt hat seine Seele ruh
Und ich sage: der ist für keine Schlechtigkeit
Der ist für die Gerechtigkeit

(1965)

Bei der Familie Nachbar ist jeder bei etwas dabei
Der Mann ist bei der VP
Die Frau in der LPG
Der Sohn in der Armee
Dessen Frau in der Partei
Das jungsozialistische Töchterchen ledig und frei

Samstags fahrn sie im Trabant
Durch das Land
Der Mann von der VP
Die Frau von der LPG
Der Sohn von der Armee
Dessen Frau von der Partei
Das jungsozialistische Töchterchen ledig und frei

Familie Nachbar sucht für das Töchterchen einen Mann
Einen Mann von der VP
Einen Mann von der LPG
Einen Mann von der Armee
Einen Mann von der Partei
Das jungsozialistische Töchterchen ledig und frei

Das jungsozialistische Töchterchen erwartet ein Kind
Ein Kind von der VP?
Ein Kind von der LPG?
Ein Kind von der Armee?
Ein Kind von der Partei?
Wer weiß
Sie war bei den Weltfestspielen in Berlin dabei
Sie war dabei

(1973)

in einem verlassenen park

sein sohn verbeugte sich weinend

vor dem sich senkenden sarg

Aus einer Zeitungsnotiz

Meyer und der Schulze
Leben Haus an Haus
Sie gehen sich aus dem Wege
Und sind wie Katz und Maus

Meyer hat ne Villa
Bekommen vom ZK
Schulze wohnt im Loch
Und wohnt zufrieden da

Schulze Polizei
Regelt den Verkehr
Meyer holt dem Staat
Westdevisen her

Meyer der darf reisen
In 'n Westen mittenmang
Schulze hat nen Globus
Aufm Kleiderschrank

Schulze geht auch protestieren
Meyer macht das nich
Schulze lebt für alle Menschen
Meyer lebt für sich

Emmi Frau von Meyer spricht
Sei doch freundlich zu dem Nachbarn
Diesem Schulze diesem achtbar'n
Spricht die Emmi, ach mit Tränen
Und ich muss jetzt noch erwähnen
Dass ich sehr verzweifelt bin
Hast die Martha wohl im Sinn?
Nicht mit ihr, ach bitte nein,
Sie ist tugendhaft und rein
Und der Schulze liebt sie sehr
Mach mir nicht das Herz so schwer
Hör auch mit dem Stänkern auf
Sagt sie und mit Schnapsgesauf
Betrügen konnt'ste immer schon
Mach mir lieber einen Sohn
Einen guten Sohn gewiss
Der auch fromm und ehrlich is.
Hast ja recht er hat gelacht
Hab dir nie nen Sohn gemacht
Wird auch Zeit ich seh das so
Sieht auf Emmis runden Po
Knöpft die Knöpf vom Latz sich auf
Und hört auf mit dem Gesauf
Packt sich flach auf Emmis Bauch
Dunkle süße Rache auch
Seht mit allen meinen Trieben
Ruft er bin ich Mensch geblieben
Wenn ich einen Menschen mache
Der wie ich ist, dass ich lache.
Stellt sich vor mit Martha ja
Würde er beischlafen ja
Mit der Frau von seinem Nachbarn

Diesem Schulze diesem achtbar'n
Polizisten der kein Schimmer
Dass den Schulze er schon immer
Ihn mit ihr betrügen wollte
Ja, dem Schulze werd ichs zeigen
Werde auf der Martha geigen
Bis ihr Protestieren fällt
Und wenn Schulze lauthals bellt
Werd ich ihm ein Liedchen singen
Das wird ihm im Ohre klingen
Wenn er mit dem Stock nach Regeln
Trabis lenkt dann werd ich vögeln
Seine Martha Hochgenuss
Ja das werd ich, ich der Meyer
Werde Marthas wilder Freier.
Und mach Martha einen Sohn
Vergisst die Emmi dabei schon
Dieses Denken hilft ihm sehre
Mit der Emmi beim Verkehre

Nach zwei Monaten:

Emmi ist aus Meyers Sinn
Dafür ist die Martha drin
Bin nicht roh bin nicht gemein
Schulze mit dem Heilgenschein
Der ist roh und hundsgemein
Stempelt mir den Führerschein
Wenn ich seinen Schädel sehe
Der herabstarrt von der Höhe,
Von dem Polizistensockel
Dieser Polizistengockel

Könnt ich ihn zum Teufel jagen
Werde, sag ich, seinetwegen
Die Partei noch mal bemühn
Um den Hals ihm umzudrehn
Hat mir meinen Führerschein
Vollgestempelt – mit viel Knete
Winkte ich doch er sagt nie
Schüttelt seinen Kopf – und wie
Schon gewohnt nicht zu bestechen
Dafür wird er mir noch blechen
Wie kann Martha, Meyer sprichts
Ihn nur lieben, dieses Nichts

Monate später hat Meyer
Den Schulze beim Einkauf getroffen
Er grinste teuflisch und sagte
Er war wohl reichlich besoffen
Das war eine süße Rache
War so süß, dass ich noch lache
Du hast meinen Pass gestempelt
Dafür hab ich sie gerempelt
War im Schoße deiner Frau
Hab gezielt und traf genau
Wird bald auf ihr Bäuchlein schielen
Und was Zappelndes drin fühlen
Du mit deinem Heilgenschein
Möchtest doch wie ich mal sein
Mit viel Geld wie'n Vogel frei
Und in neunmal Monden schon
Kriegt die Martha meinen Sohn
Schulze hat Meyer nur angesehn
Drehte sich um und ließ ihn stehn

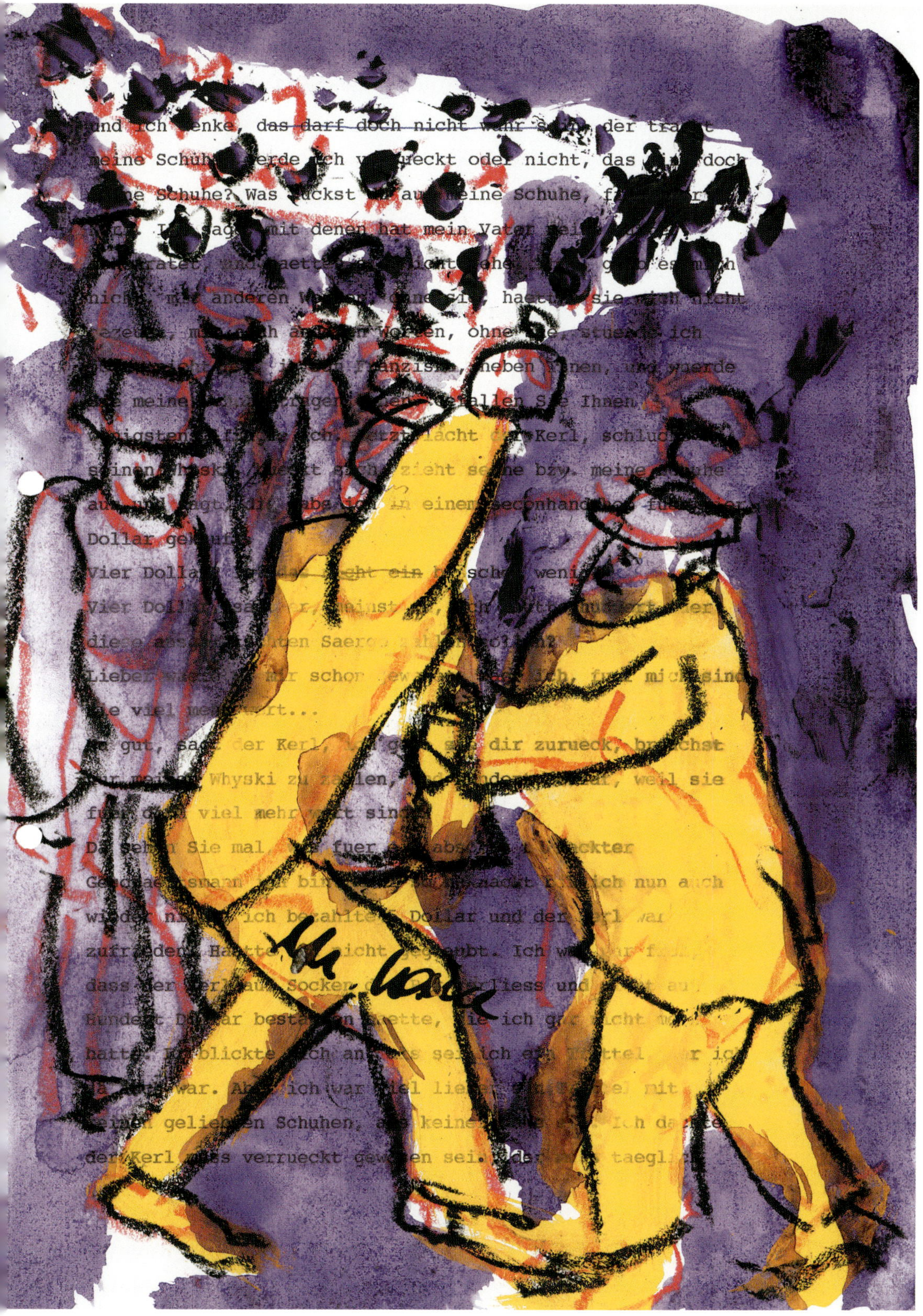

Und hat sich sehr wohl gewehrt
Hat der Partei geschrieben
Dem Staatsrat, der Stasi, der Polizei
Und ist ohne Hilfe geblieben
Das machst du schon Kollege

Schulze hat nun einen Sohn
Zwar von Meyer zugegeben
Sagt zu Martha hielt sie fest
Ich lieb dich, ach, mehr als mein Leben

Meyer hat die Welt verflucht
Hat Martha heimlich aufgesucht
Hat dein Mann dir wohl verziehn
Soll er meinen Sohn erziehn?
Schließlich ist er doch wohl meiner
Nachweisbar ist er nicht seiner
Kannst ja beim Gericht nachfragen
Kannst versuchen auch zu klagen
Wird dir alles gar nichts nützen
Auch dein Mann kann dich nicht schützen
Werde die Partei aufwecken
Die soll dich nach Bautzen stecken
Doch wenn du schweigsam bist und still
Mich lieben lässt wie ich es will
Und den Schulze gehen lässt
Mit Sack und Pack und all dem Rest
Kann er mit dem Sohn wegziehn
Werde kein Gericht bemühn

Schulze grad angekommen
Hat Meyer zuhören müssen

Er packte ihn fest am Kragen
Und hat ihn rausgeschmissen

Der Meyer stramm vor dem Gericht
Der mehr brüllt als dass er spricht:
Schulze brutal gemein verrucht
Hat zu morden mich versucht
Martha habe zugesehn
So als wäre nichts geschehn
Ja, sie habe rumgevögelt
Während er Verkehr geregelt
Schulze habe immer gelogen
Habe mehrmals ihn betrogen
Witze gemein über Ulbricht gemacht
Laut über Erich Mielke gelacht
Das Maß übern Rand ist übervoll
Er soll nun hin wo er hinkommen soll
Und Martha dazu die alte Hure

Das Gericht wusste dass Meyer lügt
Dass Martha immer nur Schulze geliebt
Meyer habe die Martha gezwungen
Man wusste, sie habe vergeblich gerungen
Geweint, gewehrt aufgeben müssen
Meyer habe sie ohne Gewissen
Brutal vergewaltigt und gelacht
So habe er seinen Sohn gemacht.
Gedacht hat mans doch alle schwiegen
Das Gericht nickte zu Meyers Lügen
Man wusste Meyer ist dicke verbandelt
Dass er Devisen erfolgreich verhandelt
Wie Golodkowski der Gelderschalk

Der Schlamm und auch Devisenbalk
Dem Staate also von Nutzen ist
Die Partei aus seinen Händen frisst
Hat das Gericht kurz nachgedacht
Und den Schulze nach Bautzen verfracht'.

Gesessen hat Schulze sieben Jahr
In Bautzen gesessen gelitten und sein Haar
War weiß geworden und er hat
Manch einer Seele die schachmatt
Auf die Beine geholfen und hat die
Trauer nie hochkommen lassen nie.
Die Pforte von Bautzen die na ja,
Öffnete sich und Schulze stand da
Und Martha war da und auch der Sohn
Liebe ist der gerechte Lohn
Nach sieben Jahren zum ersten Mal
Tränen des Glücks, vorbei alle Qual.

Nach der Wende

Meyer hat die DDR verflucht
Nach der Wende und gesucht
Ne Partei um rumzufischen
Ne Partei um aufzutischen
Und er fand sie, hopplahopp
Und auch Gelder im Galopp
Die Partei der Spendenraten
Da kann Meyer gut beraten
Immobilien das na ja
Dort ist Meyer dicke da
Und im Abwicklungsprozess

Wickelt ab nach seiner Masche
Erst mal in die eigne Tasche
Fettfleck auf der Wickelbrühe
Freut sich Meyer viel zu frühe
Ein Gericht mit Vorwurfsklagen
Stellte Meyer viele Fragen
Geld und Schummeln und Intrigen
Meyer solle nicht mehr lügen
Ach, der Meyer mit Moneten
Ist in allergrößten Nöten
Und er ruft bei Schulze an
Komm doch bitte, hilf mir, Mann

Diese Frage bleibt noch offen
Und der Meyer kann nur hoffen

(1965/1990)

Der Genosse vom Kulturministerium
Bat mich vorbeizukommen
Zu prüfen die Texte
Die ich in Helsinki und Kraków
Zu singen gedächte
Sagte:
Ein Wort zu Ihren Texten
»Dann schwiegen alle drei
Im milden Abendlicht
Ach wären die Raketen
Nur auf den Mond gericht«
Sehr pazifistisch
Ich kann mich mit dieser Haltung nicht befreunden
Denken wir einen Moment über unsern Mond nach
Im Wettlauf um den Sieg
Wer wen
Kapitalismus Sozialismus
Wird der Mond eine entscheidende Rolle spielen
Nun gut die Amerikaner waren als Erste oben
Aber abwarten
Wer zuletzt lacht …
Lacht am besten
Und dass der Sozialismus siegen wird
Darüber besteht keine Frage
Überall auf der Welt wird der Sozialismus siegen
Und dass wir dann den Mond besitzen
Liegt auf der Hand

Ich überlasse es Ihnen diesen Text zu bringen
Ich an Ihrer Stelle würde es mir sehr genau überlegen

Die Kuh die sich selber austrinkt
»Da war sie weg da war sie aus
 So groß nur noch wie eine Laus
 Danach nur noch ein blauer Fleck
 Der lachte noch dann war er weg«
 Sehr zweideutig wer trinkt sie aus?
 Die Partei? Könnte es im Klartext heißen
 Die Partei schlägt sich die Beine ab?
 Die Regierung die sich selbst auflöst?
 Oder das Volk? Wer oder was verschwindet von selbst?
 Die Kuh? Doch sicher nicht. Oder steckt dahinter gar der Wunsch,
 Das Volk möge sich selbst auflösen? Von selbst verschwinden?
 Da werden Sie sich Fragen
 Gefallen lassen müssen, die Ihnen bestimmt nicht recht sind.
 Ich überlasse es Ihnen ob sie die Kuh bringen
 Aber erwarten Sie keinen Beifall

Die Pflaume an der Spitze von einem Apfelbaume
»Diese Pflaume hängt am Baume
 Bei den Äpfeln wie ein Spuk
 Arrogant blickt ach sie um sich
 Ich bin eine Pflaume guck«
 Ich gestehe ich habe über den Text gelacht.
 Zunächst denkt man er ist nur lustig
 Aber dann las ich ihn noch mal
 Und ich glaube ich fischte den Hintersinn
 Meinen Sie unseren Ersten Sekretär?
 Mein lieber Freund und Kupferstecher
 Die Granate die unter den Äpfeln versteckt ist

Wenn die krepiert, mein lieber Herr Gesangsverein
Wenn der Text so verstanden wird, wie ich ihn verstanden habe
Dann können wir beide einpacken
Bautzen plauzen schnauzen
Dieser Text unmöglich
Vergessen Sie ihn, vernichten Sie ihn
Seien Sie froh wenn ich nichts darüber berichte.
Also viel Glück in Warschau und Kraków
Lassen Sie doch einfach den Pauli spielen
Und Sie tragen wie alle andern
Ein wenig Brecht vor
Das bekannte
Von der May
Solche Sachen
Ansonsten lassen Sie den Pauli Musik machen
Dann hat er die Arbeit und Sie den Erfolg
Und er ist doch ein großartiger Gitarrist
Überlegen Sie sich das

(1967)

ES WAREN MAL DREI WAFFEN
Die klapperten herum
In einer dunklen Ecke
Im Waffenmuseum

Es war der Rasselsäbel
Ein altes Krachgewehr
Und noch ne Bumskanone
Sonst klappert nirgendwer

Und klapperten noch mehr
Und gaben furchtbar an
Doch gleich danach warn sie
Mit einer Beichte dran

O sagte die Kanone
Ich macht nur einmal bum
Da fieln von meiner Kugel
Zehn Regimenter um

O sagte das Gewehr
Ich war ja auch mal wer
Ich habe peng durchlöchert
Das ganze große Heer

Hei sagte da der Säbel
Mit einem Hieb ich hab
Rasiert den King und schlug
Noch tausend Köpfe ab

Dann schwiegen alle drei
Im milden Abendlicht
Ach wären die Raketen
Nur auf den Mond gericht

O sagte die Kanone
Ich möcht ein D-Zug sein
Dann tu ich vorne rauchen
Und lass das Schießen sein

Und ich möchte ein Auto
Sagt das Gewehr ich weiß
Dann würde mir beim Schießen
Der Hals nicht mehr so heiß

Und ich sagt da der Säbel
Ich möchte ein Messer sein
Dann schnitt ich frischen Schinken
Und Speck und Würste klein

Dann schwiegen alle drei
Im milden Abendlicht
Ach wären die Raketen
Nur auf den Mond gericht

(1964)

Es war mal eine blaue Kuh
Die war nicht sehr viel schlauer
Die war nur etwas blauer
Und überaus empfindlich
Und ungeheuer kindlich

Es war mal eine blaue Kuh
Die kicherte beim Melken
Kam spät am Tag der Melkersmann
Und fasste sie am Euter an
Begann sie gleich zu lachen
Es war da nichts zu machen

Es war mal eine blaue Kuh
Die hatte einen Einfall
Ganz früh trank sie die Milch sich aus
Der Milchmann ging ganz leer nach Haus
Und bläkte ihm noch hinterher
Nun ist der Eimer nicht mehr schwer

Es war mal eine blaue Kuh
Die hatte niemals Hunger mehr
Weil sie sich selbst die Milch austrank
Fraß sie kein Gras mehr Gott sei Dank
Gras war ihr viel zu witzelig
Zu krabbelig zu kitzelig

Es war mal eine blaue Kuh
Die trank sich schon vier Tage
Da wurde sie ganz mager
Und klein klein klein ganz hager
Bald war sie so wie eine Maus
Und trank sich immer weiter aus

Es war mal eine blaue Kuh
Die hat sich ausgetrunken
Da war sie weg da war sie aus
So groß nur noch wie eine Laus
Danach nur noch ein blauer Fleck
Der lachte noch dann war er weg

Das war das Lied von der blauen Kuh
Die nicht fressen wollte
Weil das Gras sie kitzelte
Und sie immer lachen musste

(1964)

Für W. U.

War ein Baum ganz voller Äpfel
Wär beinah ein Apfelbaum
Nur ganz oben in der Spitze
Wächst ganz einsam eine Pflaum

Diese Pflaume hängt am Baume
Bei den Äpfeln wie ein Spuk
Arrogant blickt, ach, sie um sich
Ich bin eine Pflaume, guck

(1964)

Für w. u.
War ein baum ganz voller äpfel
Wär beinah ein apfelbaum
Nur ganz oben in der spitze
Wächst ganz einsam eine pflaum

Diese pflaume hängt am baume
Bei den äpfeln wie ein spuk
Arrogant blickt ach sie um sich
Ich bin eine pflaume guck

Columbus 64 (Film mit Ulrich Thein)

Die Sonne kommt raus das Eis schmilzt weg
Der Spree aufm Rücken der alte Dreck
In Westen fließt er nix zu machen
Die Stasi verzweifelt das Volk muss lachen
Künstler und Pfaffen ersoffen seit Wochen
Kommn hoch aus der Spree die Suppe zu kochen

Der Sommer ist da

Die Suppe fertig ein herrlicher Schmaus
Besonders gesund von wegen verdaus
Sie dampfet und duftet und wird verführen
Ne Prise Salz und einmal noch rühren
Genossen und Spitzel und wie sie laufen
Die Suppe zu löffeln sie werden sie kaufen

Der Herbst ist da

Die Künstler und Pfaffen ach herrje
Sind wieder ersoffen in der Spree
Die Genossen haben genüsslich gegessen
Die Suppe schmackhaft mit vollen Fressen
Mussten sie los es wurde befohlen
Die Stasi kam die Suppe zu holen
Sie neu zu kochen gemäß der Partei
Und kochte was? Einen stinkenden Brei

Und wie zum Jokus
Sind auf dem Lokus
Die das gelöffelt
Schnettereteng
Piff piff
Paff puff
Columbus 64
Die Partei die rächt sich
Wir waren zu weit gegangen
Werden nun aufgehangen …

(1966)

BALLADE VON JOHNY FOWLER

1966 geschrieben für Uli Theins
Columbus 64. Nahke schnitt den Film,
Uli weinte und ich versuchte zu retten,
was nicht zu retten war.

An dem großen Fluss im Norden
Da bauten siebzig Mann eine Brück
Und ein Mann sah ihnen dabei zu
Ich brauch keine Brück ich brauch meine Ruh
Und hieß Johny Fowler und war im Glück
    O Junge remember
    Jetzt kommt bald Dezember
    Ich weiß was ich weiß
    Ich geh übers Eis

An dem großen Fluss im Norden
Da braucht man zu bauen jede Hand
Johny Fowler war nicht zu bewegen
Er wärmt sich am Feuer im Schnee-Eisregen
Weil an dem Bau kein Interesse er fand
    O Junge remember
    Jetzt kommt bald Dezember
    Ich weiß was ich weiß
    Ich geh übers Eis

An dem großen Fluss im Norden
Der Winter war fertig die Brücke noch nicht
Johny Fowler erhebt sich vom Feuer
Sagt Eis kostet gar nichts die Brücke ist teuer
Und nahm acht Schluck Whisky und mehr nahm er nicht
    O Junge remember
    Jetzt kommt bald Dezember
    Ich weiß was ich weiß
    Ich geh übers Eis

An dem großen Fluss im Norden
Das Eis war noch dünn und Johny schwer
Darum brach das Eis und Johny verschwand
Ein verzweifelter Schrei, eine winkende Hand
Dann Stille, Ruhe das Eis grau und leer
 O Junge remember
 Jetzt kommt bald Dezember
 Ich weiß was ich weiß
 Ich geh übers Eis

An dem großen Fluss im Norden
Da bauten siebzig Mann ein Brück
Und einer wusste viel mehr als er weiß
Und der war so schwer und liegt jetzt im Eis
Und hieß Johny Fowler und war im Glück
 O Junge remember
 Jetzt kommt bald Dezember
 Er weiß was er weiß
 Jetzt liegt er im Eis

(1966)

MARIE HAT EINE NASE,
Die war so dick und groß,
Denn Neugier macht die Nase
So dick und groß wie'n Kloß.

Marie hätt ohne Nase
Bekommen einen Mann,
Nur stieß der, der mal wollte,
Sich an der Nase an.

Doch eines Tages kam wer
Mit dickem, großem Ohr,
Das hatte er vom Lauschen,
Stellt' sich als Bräutigam vor.

Sie hatten einen Sohn
Mit dickem, großem Mund,
Die dreie waren glücklich,
Sie hatten ihren Grund.

Natürlich warn sie Stasi
Mit Nase, Ohr und Mund,
Sie kriegten viele Orden
Und schnüffelten sich wund.

(1976)

sie zu quaelen hast angefangen
sie betrogen geschlagen aus dem hause gejagt
bin ich mit deiner frau fremdgegangen

daraus ist ein kind geworden
ich hoffte du wuesstest es schon
icn bin sehr stolz auf den jungen
er ist dein (mein) ehrlichster sohn

sie sassen und schwiegen am skattisch
mindestens eine stunde
dann sagte der anwalt bedrohlich
erregt mit trockenem munde

das ist kein spiel mehr das ist
der allergemeinste verrat
von mir aus sollst du verrecken
fuer diese schlechteste tat

die anderen nickten und machten
sich fertig nach hause zu gehen
sie waren entschlossen und wollten
ihn nie mehr im leben sehen

Für meine kollegen an der volksbühne
Die mich
obwohl ich schon im westen war
Kündigen wollten
Als ich in amerika
America drehte

Warum so Rachegeil und feindlich
Weil ich von euch bin weggegangen?
Ertragt ihr aufgehaengt mich nur
Als Leiche pendelnd aufgehangen?

Und lese in den Stasiakten
Dass ich euch auf die Ehre trat

MEINE VOLKSBÜHNENKOLLEGEN
Als ich in Amerika *America* drehte …

Und lese in den Stasiakten
Dass ich euch auf die Ehre trat
Dass ihr erwägt mich aufzuhängen
Für diesen Volksbühnenverrat

Was ist Verrat was ja was nein
Das ist die große Frage
So sage ich euch Lebewohl
Bis an den Rest der Tage

(1984)

EIN FREUND

Du brauchtest nach guten Taten
Bei dir nicht lange zu suchen
Sie liegen auf deinen Lügen
Wie Zuckerguss auf dem Kuchen

Du hast mich gequält und hast mich
Du bist schon besonders verrucht
Die Stasiakten belegens
Zu morden mehrmals versucht.

(1976)

WER MICH VERRÄT,
Wer ja wer nicht
Schenk mir ein scharfes Augenlicht
Wen kann ich wirklich Freund noch nennen
Kann Freund und Feinde nicht mehr trennen

(1976)

Seit Unterzeichnung der Petition
Verhört mich die Stasi brutaler Ton
Dann schleimig und süßlich verhört sie mich
Nenne uns Namen wir lieben dich

Um die Stasi mir wegzuschlafen
Ging früh ich ins Bett und fühlte die Strafen
Das Foltern und Prügeln wenn ich Namen nicht nenne
Und wie ich in Stasis Liebe verbrenne

Dann im Schlafe bevor ich begriff
Hatte ein Alptraum mich fest im Griff
Ich war in der Hölle und habe gezittert
Trotz Hitze es wurde gehackt und zersplittert

Von einem Genossen viel Eichenholz
Er schwitzte grinste schlug zu und sagt stolz
Ich hab sie hier im Kamin verbrannt
Die Verräter starben durch meine Hand

Du ein Verräter dich werd ich verbrennen
Doch vorher musst du mir Namen noch nennen
Du weißt doch tödlich ists zu fliehn
Doch du darfst durch den Schornstein in 'n Westen ziehn
Ohne Kontrolle leicht luftig und schön
So lass ich dich in den Westen wehn
Fliegst über Mauer und Häuser hinweg
Und landest drüben auf der Straße als Dreck

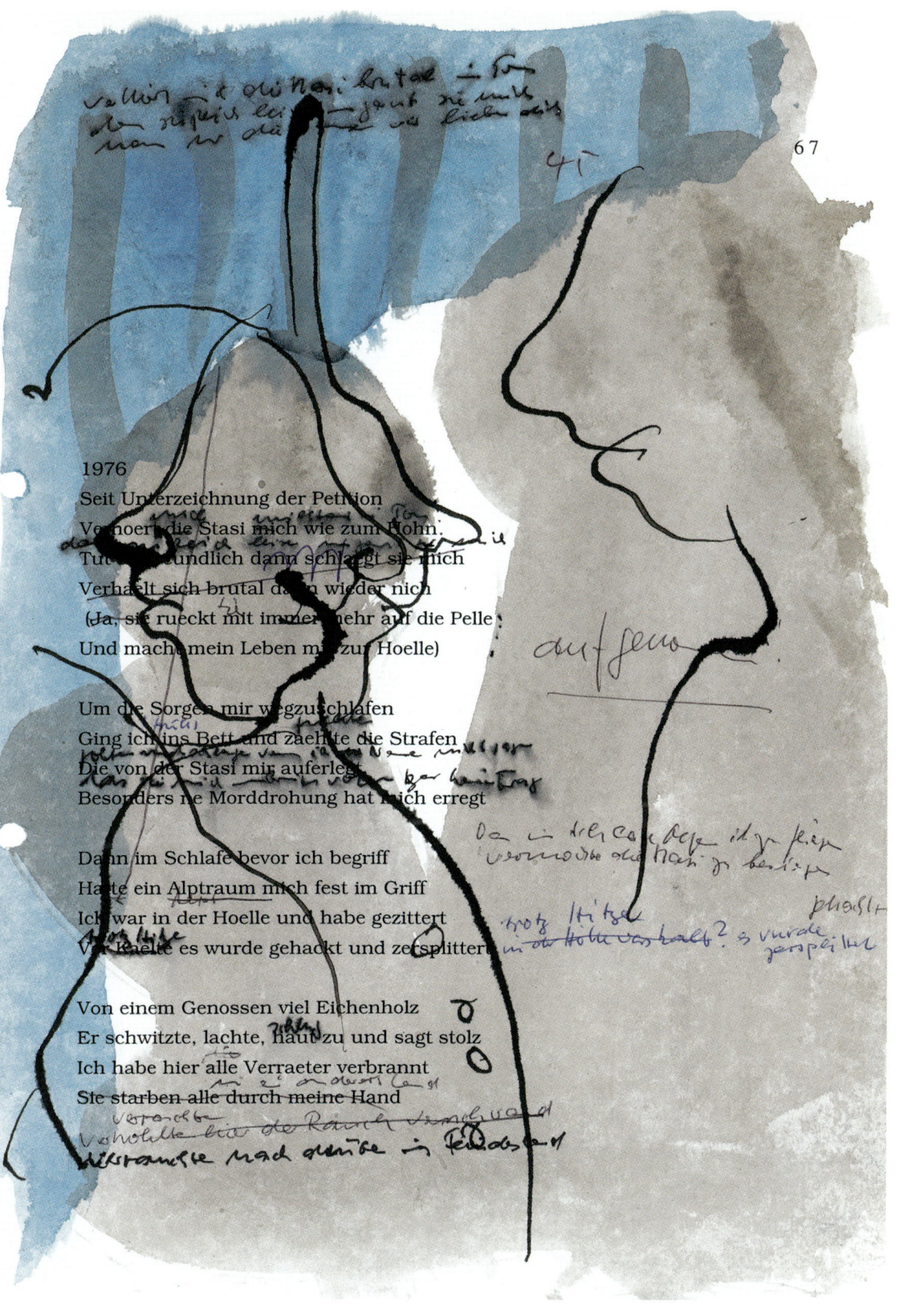

1976

Seit Unterzeichnung der Petition
Verhoert die Stasi mich wie zum Hohn.
Tut sie freundlich dann schlaegt sie mich
Verhaelt sich brutal dann wieder nich
(Ja, sie rueckt mit immer mehr auf die Pelle
Und macht mein Leben mir zur Hoelle)

Um die Sorgen mir wegzuschlafen
Ging ich ins Bett und zaehlte die Strafen
Die von der Stasi mir auferlegt
Besonders ne Morddrohung hat mich erregt

Dann im Schlafe bevor ich begriff
Hatte ein Alptraum mich fest im Griff
Ich war in der Hoelle und habe gezittert
Vor Kaelte es wurde gehackt und zersplittert

Von einem Genossen viel Eichenholz
Er schwitzte, lachte, haut zu und sagt stolz
Ich habe hier alle Verraeter verbrannt
Sie starben alle durch meine Hand

Du wolltest abhaun ich weiß es doch
Und jetzt die Namen alle noch
Ich schrie viele Namen die mir teuer
Er packte mich hart und schmiss mich ins Feuer
Ich schrie, ich schrie …

Gebadet in Schweiß bin ich aufgewacht
Die Stasi stand in der Tür
Ich sollte mich warm anziehn
Damit ich in Bautzen nicht frier …

(1976)

DU BIST NUN FORTGEGANGEN
Und hast das Land verlassen
Das hohe Lied der Treue
Echot durch alle Gassen

Du hast auf deine Meinung
Auf Staat Partei gespuckt
Das hohe Lied der Treue
Hat nun der Lärm geschluckt

Was plappertest die Nächte
Du mir die Ohren voll
Von Haltung und Charakter
Und wie ich leben soll

Du hast auch unsre Liebe
Verhökert aufm Schwoof
Du brachtest mich nach Bautzen
Verhandelt aufm Hof

(1976)

Die Flucht des Geigenvirtuosen P.

Und als er fliehen wollte
Da habt ihr Hunde am End
Ein Bein ihm abgeschossen
Doch gottseidank nicht die Händ

Er ergatterte in Bautzen
Ein Holzbein aus zweiter Hand
Aus Eiche war es gefertigt
Und hielt Gewehrkugeln stand

Doch eines Nachts da floh er
Und stieß mit dem Holzbein ein Loch
In die Mauer es krachten
Kugeln ins Eichenholz noch

Er humpelte los und lachte
Die Geige in seinem Arm
Ein verdammt wertvolles Stück
So blieb sie gestimmt weil warm

Die Sonne die Luft die Freiheit
Es knirschte das Holzbein im Kies
So humpelte er davon
Ins goldene Paradies

(1976)

Die flucht des geigenvirtuosen p.

Und als er fliehen wollte

Da habt ihr hunde am end

Ein bein ihm abgeschossen

Doch gottseidank nicht die haend

Er ergatterte in bautzen

Ein holzbein aus zweiter hand

Aus eiche war es gefertigt

Und hielt gewehrkugeln stand

Doch eines nachts floh er

Und stiess in die mauer ein loch

Mit dem holzbein es krachten die kugeln

Ins eichenholz noch und noch

Geschafft er humpelte los und lachte

Die geige in seinem arm

Ein verdammt wertvolles stueck

So blieb sie gestimmt weil warm

Die sonne die luft die freiheit

Es knirschte das holzbein im kies

FÜR G.

Alles Gold in deinem Munde
Wird in dieser Nacht zu Blech
Selbst Villon auf deinen Lippen
Nachgedichtet von Paul Zech
Vorne hast du ein Gesicht
Das ist klug und schön und rein
Doch dahinter hast du noch eins
Dumm und hässlich und gemein

(1967)

ABSCHIEDSFEUER

Ick bin nicht besoffen das wäre gelacht
Ick habe mit Wodka ein Feuer entfacht
Nun kriegt der Himmel den Qualm unverzollt
Sensationen im Himmel det hab ick jewollt

Ick vabrenne alle olle Plinnen
Hefte Bücher zerfetztes Linnen
Noch aus meiner Kinderzeit
Ein Feuer aus Vagangenheit

Hier ein Packen erster Liebesbriefe
Von Gerda aus Charlottenburg und ick rieche
Den Qualm von fünf Jahre Jemeinsamkeit
Da kokelt sie hin in alle Ewigkeit

Und nu meine Zeugnisse det erste und letzte
Die verbrenn ick jenüsslich ick sehe die Reste
Einer blamierten Verjangenheit verkohlen
Ick hatte es satt mir immer Fünfen zu holen

Lebt wohl Maxe Lindow und Jappel Jensen
So hießen meine Pauker doch am besten war schwänzen
Det hat ick Unjeheuer druff und jekonnt
Mir während der Mathearbeit am Uckersee jesonnt

Und nu meine Tangoschuhe aus de Schurikezeit
Denn für die Caprifischer war ick in Prenzlau für allet bereit
Beim Tango hat mir ooch eine reife Frau jeküsst
Und aus Furcht ick werd Vater hab ick mir klamm und heimlich verpisst

Und nu verbrenn ick Theaterstücke
Und ick denke an olle Wisten sein Theater zurück
Schiffbauerdamm hieß et bevor et Brecht bekam
Und wie da olle Wisten ins Schwitzen kam

Lebt wohl Fiesko und Aschenbrödel
Bei Ede Lukasch gabs die besten Knödel
Der brauchte nich für seine Knödel zu werben
Da speisten sogar jenüsslich Brechts Erben

Und hier mein erster Film Flucht aus der Hölle
Der erste Mehrteiler meine erste Ruhmeswelle
Da brennt sie nun ab ick rieche den Duft
Und Fetzen meines Ruhmes flattern schwarz durch die Luft

Und jetzt mein Anzug in dem ick Konzerte jab
In dem ick ooch jeheiratet hab
Und dem ick allmählich den Hintern zerfetzt
Weil ick mir zu häufig zwischen die Stühle jesetzt

Denn hat ick ooch an als ick in 'n Westen durfte
Und wie ick den juten alten Westen bis zum Umfalln schlurfte
Und wie ick den Rhein mit der Spree verglich
Und ick janz klein um den Kölner Dom rumschlich

Und wie ick da schlich kam mir von Heine det Lied
Von Schumann vertont es zu singen wurd ick nicht müd
Im Rhein im heiligen Strome
Da spiegelt sich in den Welln
Mit seinem großen Dome
Das große heilige Köln

Werde nicht nachdenkl ich starren
Kann den Abplit kein er Warnung

Doch wat ick da sah warn Spiegelungen von eenem janz andern Köln
In der Zeitung las ick der Terrorismus
Is det letzte Argument vom bürgerlichen Humanismus
Und Frieda aus Westberlin sagt uff die Welt kommt die Hölle

Und dafür rückt se dem lieben Jott und Marx uff die Pelle
Die beeden sind es an die will ick mir klammern
Obwohl ick weeß nicht und sie beginnt zu jammern
Weil ihr Sohn vielleicht zu den Terroristen wird jehn

Ick muss mit ihm reden sonst wern wir zujrunde jehn
Ick weeß, ick weeß, sajt sie, uff der Welt die Armen
Habt doch mit denen, ihr Reichen, erbarmen
Und gebt was ab, damit in der Welt

Der Terror nie wieder heiser sich bellt,
Nie wieder die Welt so jemein entstellt
Und ick denke reden hört uff und reden fängt ooch wieder an
Und statt aufeinander zu schießen muss man mit Reden ran

Mit det bisschen Vernunft wat et uff die Welt noch jibt
Weil sonst die olle Kugel aus de Latschen kippt
Aber noch hat der Mond die Welt zum Herrn
Noch braucht er nicht zu einem andern Stern
Noch geht es weiter mal traurig mal heiter
Noch

Und darum verbrenn ick mein Finger den biss ick mir ab
Weil ick zu viele Neider und zu wenig Freunde hab
Zähl ick die Freunde an den Fingern ab
Hab ick der Finger zu ville drum biss ick ihn ab

Nun kann ick sie wieder abzähln vier hab ick noch dranne
Klaus Jurek Norbert und die Marianne
Doch kleb ick ihn mir wieder an det will ick jeloben
Für meine Freunde die schon da oben …

Und nu een Foto aus meiner Kinderzeit
Det war mir der liebste Teil meiner Verjangenheit
Uffm Foto bin ick een Steppke in Tilsit oder wo
Da hatte ick Haare die waren so blond wie Stroh

Da war die Welt für mich noch rund und ok
Denk ick daran tut mir das Herz irgendwie weh
Mein janzes Leben hab ick mir nach Heimat jesehnt
Und nu hab ick mir Heimat abjewöhnt

Heimat is een Stückchen Gras aus der Kindheit und een Spiel
Heimat is keen Ort nur een Jefühl
Als Kind hab icks jewusst da war ick nicht doof
Da zählte ick die Löcher im Käse ein Dreikäsehoch

Nun ja der Mensch wird alt und mangelhaft
Die Locke wird hinweggerafft
Kiekt da qualmt mein Feuer zum Himmel hin
Da oben die verbeulte Wolke da steck ick mit drin

(1976)

Das Heft schob ich unter drei Buecher, die Kassetten legte ich neben den Recorder, dann Anzug und Unterwaesche in den Schrank, die Gardinen zog ich vor's Fenster, die Sonne fiel flach und gleissend in den Raum, sie spiegelte sich auf der polierten Schreibtischplatte, dass es den Augen schmerzte, und meine Aufzeichnungen, Hannah betreffend, legte ich neben die Buecher auf den Schreibtisch.

Dann schob ich die Kassette mit den Brahmsonaten op. 77 und op. 108 und dem Aram Khatchaturian-Konzert in den Recorder, Hannah spielte wunderbar, grossartig, was heen eine geniale Geigerin, aber jetzt mochte ich sie nicht hoeren, konnte es nicht, meine Gedanken waren woanders, ich stellte den Recorder aus. Ich blickte auf den Reisewecker, den ich auf den Schreibtisch gestellt hatte, fuenf vor 15.00. Noch drei Stunden Zeit, ich blaetterte in den Buechern auf dem Schreibtisch, ohne etwas zu lesen oder lesen zu wollen, eine somnabule Taetigkeit, die von mir unbemerkt blieb, bis ich sie bemerkte und mich zur geistigen Ordnung zwang, ich war ja nach Bensberg mit einer Absicht gekommen. Mit Arnold ein Gespraech zu fuehren. Ein Gespraech, dass...

Nicht vorgreifen; ich bestellte an der Rezeption fuer 18.00 einen Tisch fuer zwei. Im Restaurant soundso, wo wir ungestoert essen konnten. Dann blickte ich mich in der Suite 101 um, modernisiert, altes und neues geschmackvoll dekoriert, in dem Schreibtischstuhl wuerde ich sitzen und Arnold in dem Sessel, am Fenster. Wenn er noch so ist, dachte ich, wie er als Schueler war, wird er haeufig aus dem Fenster blicken und mir den Ruecken zudrehen, wie er es als Schueler getan hatte, wenn ich mit irgend etwas kam, was er nicht hoeren wollte, dann stellte er sich vor's Schulfenster und pfiff leise vor sich hin.

Krieg

DIE BESTEN POLITIKER SIND
Durch verpasste Gelegenheiten
Nicht gezeugt worden
Wir haben es
Mit denen zu tun
Die durch Betrug
Verrat und Pannen
Das Licht der Welt erblickten
Danach sieht die Welt aus …

(1968)

The Truth of the Matter

ZUR VARUSZEIT HAT MAN DEN KRIEG
Nur beim Donnern und Blitzen geführt
Der Name vom Blitzkrieg so weiß man
Seit dieser Zeit herrührt

Wir haben dem Feind eingered'
Dass er nur fest daran glaube
Am besten schützt man den Kopf
Mit einer Pickelhaube

So hat er befohlen: dass jeder
Soldat die Pickelhaub trüge
Damit, das ham wir verschwiegen
Der Blitz in den Pickel einschlüge

Im Blitzkrieg hat dann der Feind
Die Pickelhaube getragen
Die Blitze haben drauf wild
Hinein in die Pickel geschlagen

Beim Donner dann der Befehl
Tötet den Feind in Massen
Wir soffen und haben den Krieg
Den Blitzen überlassen

(2002)

Und am Ende ein Infarkte
Nein Kollege, nichts fuer mich
Sowas nenn ich widerlich.
Was dem Menschen dient zum Seichen,
Damit schafft er Seinesgleichen,
Sagte Heine, auch nicht schlecht.
Ja, ich pfeife aufs Geschaeft
Und den Oscar mir geschenkt
Hab ich im Klosett versenkt.
Keine Helden der Schamlose
Aufgesagt in einem Ton,
Wie die Stars in Hollywood,
So geht aller Ernst kaputt.
Ach je, ach je,
es verkriecht sich leicht im Hut.
Das denken und der kleine Mut
Mich ergoetzten Charaktaere
Menschen, Geister, Hauptakteure
Wie den Pattern General,
Kaeuze, Schurken allemal
Kleine miese Angestellte
Jemand der die Zeche prellte
Helden, Schwule und Piraten
Alte, Junge und Soldaten
Solche habe ich gespielt
Mich in sie hineingefuehlt

Nein, verehrtes publikum
So verehrt nicht, bleibe stumm
Werde alt und vielleicht weise,
Wenn ich nun zur letzten Reise
Langsam meinen Ranzen schnuere,
Und zur Hoelle losmarschiere.

ER WAR SOLDAT
Hat auf seine Feinde geschossen
Hat Hunderte getötet
Zivilisten
Er wurde ausgezeichnet
Mit der Medaille der Ehre

Er war Minister
Hat zum Krieg ja gesagt
Es starben Hunderttausende
Unschuldige
Er wurde ausgezeichnet
Mit der Medaille der Ehre

Die Medaille der Ehre
Ist viele Tote
Wert.

(2000)

Irak Krieg
Bagdad fällt
aber
Tote, Tote...

6

Er war Soldat
Hat auf seine Feinde geschossen
Hat hundert getoetet
Zivilisten
er wurde ausgezeichnet
Mit der Medaille der ehre

Er war Minister
Hat zum Krieg ja gesagt
Es starben hunderttausende
Unschuldige
Er wurde ausgezeichnet
Mit der Medaille der Ehre

Die die den Krieg begonnen hatten
Schlugen ihm auf die Schulter
Hast dich richtig verhalten
Dein ja war wichtig...

Die Medaille der Ehre
Ist viele Tote
Wert?

Göring

M. Hable
2003

Die Welt beginnt
So wie sie ist
Auf hohen Wellen
Zu wippen

Weil Hunger Kriege
Tötungslust
Sie droht ins »aus« zu kippen

(2003)

Menschen geister hauptakteure
Wie den pxt erngenera l
Kaeuze schulen allemal
Kleine miese angestellte
Jemand der die zeche prellte
Helden schwule und piraten
Alte junge und soldaten
Solche habe ich gespielt
Mich in sie hineingefühlt
Und auch mal mit viel moneten
Und blies drin an allen nöten
Zum wohle

Nein verehrtes publikum
So verehl n ich blieb stumm
Die Welt beginnt
so wie die ich stumm
Großen Wellen
Zu Kippen

Kann den abpfiff kaum erwarten

Weil Hunger Kriege
Tötungslust
nie droht ins „aus"
Zu kippen.

Tsunami

Wind und Meer und ohne Wecken
Kamen beide zuzudecken
Ach, viel tausend arme Seelen
Ließ nicht eine Seele fehlen

O die Welle hoch am Ort
Riss die Menschen mit sich fort
Ließ zurück ne tote Stadt
Die nie wieder Menschen hat

(2004)

Schon lodern die Scheite im Kamin
Du kannst schon Jack und Hose ausziehn
Jetzt stech ich dir nur noch die Augen aus
Dann siehst du nichts vom Hoellenschmaus

Denn

Bevor du verbrannt wirst wird hoellisch gegessen
Grosses Begraebnis und Leichenschmausfressen
Und da zieht dich aus, dein Hemd mit die Haende
Denn wir wollen beim Saufen entertainMENT

Du weisst ja selbst wir sind Attheisten
Doch manchmal folgen wir auch den Christen
Goetlich ist aus der DDR zu fliehen
Doch dich lassen wir gnaedig durch'n Schornstein ziehen

Gebadet in Schweiss bin ich aufgewacht
Die Stasi stand in der Tuer
Ich solle mich warm anziehn
Damit ich in Bautzen nicht frier

DAS WAR DER KLEINE KANONENSOLDAT
Direkt vom Krieg kam er her
Er war vom Töten bitter genug
Und war verwundet schwer
Er hatte vier Kugeln in dem Bauch
Vier Kugeln vom großen Krieg
Er war sehr bleich und sagte laut
Ich scheiße auf den Sieg

Und hinter ihm da kamen noch
Soldaten so bleich wie er
Drei waren es doch sagten sie
Es kommen vom Krieg noch mehr
Das warn die Kanonensoldaten
Direkt vom Krieg kamn sie her
Die Kanonen zerschossen was übrigblieb
War für jeden Soldat ein Gewehr

Da spuckt der kleine Kanonensoldat
Er war davon nicht satt
Vier Kugeln raus aus seinem Bauch
Dass jeder zu schießen was hat
Das warn die Kanonensoldaten
Direkt vom Krieg kamn sie her
Die Kanonen zerschossen was übrigblieb
War für jeden Soldat ein Gewehr

Und sagt der kleine Kanonensoldat
Wir schießen nicht mehr für den Krieg
Der Frieden ist vier Mann schon stark
Wir schießen dem Frieden ein Sieg
Und schossen die Kugeln ins Wasser
Sie pfiffen ins dunkle Meer
Und schmissen die Gewehre
Den Kugeln hinterher

(Das warn die Kanonensoldaten
Sie waren dem Tod entronnen
Sie wuschen im Meer die Wunden
Und waren friedlich gesonnen)

Die Heimat empfing sie mit Kerker
Sie waren ja desertiert
Man hieß sie Verräter sie hatten
Sich selber zum Frieden verführt

Sie wurden zum Tode verurteilt
Auch als sie ein Friedenslied sangen
Vier Kugeln hat man gespart
Man hatte sie aufgehangen

(1964)

Vietnam-Lied

Mein Liebster
Der Vater ist nicht mehr
Mein Liebster
Erschlagen wurde er
Von Männern und Gewehren
Er konnte sich nicht wehren
In Con Chan Sa
Auf unsern Straßen

Mein Liebster
Hier blüht der rote Mohn
Mein Liebster
Ermordet unser Sohn
Die Mörder dabei sangen
Er wurde aufgehangen
In Con Chan Sa
In roten Feldern

Mein Liebster
Die große fremde Macht
Mein Liebster
Hat sie laut ausgelacht
Die Mutter konnt nicht mehr weinen
Sie liegt unter weißen Leinen
In Con Chan Sa
In unserm Hause

Mein Liebster
Dich gibt es auch nicht mehr
Mein Liebster
Die Nachricht flog hierher
Du wurdest tot gefunden
Erschossen und geschunden
In Con Chan Sa
In unsern Wäldern

Mein Liebster
Ich mach dem Leid ein End
Mein Liebster
Ich falt umsonst die Händ
Warum ward so ein Leben
Zum Leiden mir gegeben
In Con Chan Sa
Mein Gott wo warst du

(1964)

NACH DEM LETZTEN GROSSEN KRIEG
Was da aus der Asche stieg
Aus dem Dorf das Pferd und eine Kuh
Und aus der Stadt das Weib dazu
Und der Mann und noch der Hund
Die Welt wär damit wieder rund
Die Familie singt ein Lied
Dass nie wieder Krieg geschieht
Es fließet der Schnaps, Asche und Rauch
Aufbau Versöhnung und Liebe auch
Lindern die Schmerzen der Ärmsten – noch
Bald sind die Ärmsten vergessen – doch
Ach seid nicht so dämlich unterm Zopf
Und haut euch ab euern dummen Kopf
Denn Kopf an ist ab und ab ist ab
Der Friede fällt nicht vom Himmel herab

Der Krieg vergessen auch Leid und Qual
Zuerst komm ich dann die Moral
Und Pläne schmieden kreuz und quere
Geht's doch jetzt um die Karriere
Will was werden will was sein
Mischt sich in Geschäfte ein
Wo das Lügen und Betrügen
Rumschwirrt wie die Scheißhausfliegen
Es fließet der Schnaps dann seine Masche
Fremdes Geld in die eigene Tasche
Vermehrt sich in Banken gut bewacht

Ich habe Geld ich will auch die Macht
Ach seid nicht so ...

Denn kommt noch mal der große Krieg
Geld und Macht Atom und Sieg
Zieht der alte Mond zum andern Stern
Hält sich von der Erde fern
Atome Winde ziehn heran
Töten Kind und Weib und Mann
Was Natur war ist verdorben
Und was lebte ist gestorben
Dann fließet kein Schnaps die Liebe passé
Geld und Macht für immer ade
Dann zankt nicht die Frau und nicht der Mann
Doch was fängt man dann mit dem Frieden an ...

(1968)

Die Plagen der Welt

MEINE MUTTER HATTE FÜNFE
Einer war im Krieg Soldat
Einer war schon lang im Himmel
Ich war dreizehn Jahre grad

Und ich sollte schon zur Front gehn
Lieber Junge sei auch fromm
Mutter weinte und sie betet
Dass dir nichts geschieht und vom

Letzten eingeweckten Braten
Packt sie in den Rucksack rein
War im Jahre vierundvierzig
Sonntagsbraten fettes Schwein

Will schon heute satt sein morgen
Bin im Krieg ich vielleicht tot
Aß den Braten und ich war
Satt für'n Krieg und satt für'n Tod

Morgen stand ich auf dem Bahnhof
War ja nun Soldat und sollte
Kämpfen an der Front von Pasewalk
Mir war schlecht obwohl ich wollte

alle blicken ernst und stumm
in den weißen sonntagshemden
stolz und würdig und auch mutig
so als wären sie bei fremden

und ich sehe sie einzeln an
denke was sie heute wären
wenn sie nicht bei pasewalk
allesamt gefallen wären

ich bin heute anfang siebzig
meine haare werden dünn
danke mutters eingewecktem
das ich noch am leben bin

In den Krieg mit meiner Klasse
Von der mancher schluchzte rotzte
Ich stand bleich an einem Baume
Weil den Braten ich rauskotzte

Dann gings los der Hauptmann sagte
Ab zu Muttern in die Betten
Morgen geht der nächste Zug
Kannst das Vaterland noch retten

Morgen schnürt ich meinen Ranzen
Sagt zu meiner Mutter immer
Werd ich fromm sein und jetzt fahr ich
Doch der nächste Zug fuhr nimmer

Gestern kram ich in den Fächern
Und ich finde Fotografien
Ein vergilbtes Klassenfoto
Wo die Kleinen vorne knien

Alle blicken ernst und stumm
In den weißen Sonntagshemden
Stolz und würdig und auch mutig
So als wären sie bei Fremden

Fritz hat immer abgeschrieben
Hat die Pauker angeschmiert
Herbert hat mit dreizehn schon
Eine Lehrerin verführt

Horst im Stimmbruch wie ein Alter
War der Bass im Chore
Bolle unser Fußballkönig
Schoss sogar im Liegen Tore

Sehe jeden einzeln an
Denke was sie heute wären
Wenn sie nicht bei Pasewalk
Allesamt gefallen wären

Ich bin heute achtzig Jahr
Meine Haare werden dünn
Danke Mutters Eingewecktem
Dass ich noch am Leben bin …

(1961/2010)

NACHBAR WAR EIN MANN MIT GEIGE
Sagte mir dass er verböte
Sich mein Toben ich neun Jahre
Dachte stirb du olle Kröte
Aber nein bleib noch am Leben
Klemm die Geige übern Bauch
Spiel mir etwas vor ich dachte
So gut spielst du später auch

Freundlich war er und am Ende
Kam die Geige auf den Schrank
Und ich durfte wieder toben
Mindestens zwei Tage lang
Das ist viele Jahre her
Nachbar ist schon lange tot
Neunzehnhundertfünfundvierzig
Alles lief ums täglich Brot

Nichts zu Essen doch es blieb
Auch der Hunger nach Musik
Die verdorrte Seele lechzte
Nach ihr nach dem letzten Krieg
Grau verstaubt hoch auf dem Schrank
Holt ich Nachbars Geige mir
Eine Saite nur noch drauf
War ja besser als gleich vier

Für die Seele und fürs Essen
Doch fürs Essen spiel ich besser
Muckefuck nen Kanten Brot
Teilt ich mit nem Taschenmesser
Doch das Spieln auf einer Saite
Bracht nichts ein, von Krämerseelen
Konnt ich Geigensaiten kaufen
Billiger war es sie zu stehlen

Und das tat ich auf vier Saiten
Spielt ich Bach und César Franck
Kriegte nun auch neben Brot
Wurst und Butter, Gott sei Dank
War gefragt in meiner Stadt
Weil ich eine Geige hatt
Spielte auf bei jedem Feste
Und zu Haus waren alle satt

(1965)

Zu viel vom Glück o jemine
Bringt oftmals nichts als Käse
Es hat ein jeder im Gesicht
Zum Fallen eine Näse

(1975)

Keneth Starr.

Nahm die vierzig die er kriegte
Vierzig Mille ob er liebte
Clinton der Lewinski die,
Ihren Rock hochhielt ihr Knie
Ihm geschwächten Sinn raubte
Der sich bei ihr derart raubte
Dann die USA beschwor
Dass er niemals sich verlor
mit ner Frau im Weissen Haus
Das sieht nach Gefängnis aus

Daher flieg sein bestes Jahr
Rock um Rock Keneth Starr
Raus damit ob es da war
ob man alkoholisch wäre
weil sonst nichts geschmeckte
die nicht mehr im Kasten steckte
ob sie sich die Dämmen deckten
ob Organspenden steckten
das krieg ich da raus heraus
raus dann aus dem weissen Haus
wenn die Welt er nochmal schockt
mit ner Luege aufgestockt
reichen vierzig Mille kaum
meine Wahrheit die braucht Raum
ja
die schon immer teuer war
findet sie in Kenneth Starr

CHEF

Dieser Mann stammt
Aus der Nullserie
Der Menschheit
Er ist so kaputt
Dass es sich nicht lohnt
Ihn zu reparieren

(1964)

aref

Besonders da wo oel ist
Sagt uns der erste mann
Da bomben wir mit gott
Demokratien heran.

Kein Mann
stammt aus
die Nullserie
de Menschheit
es ist so kaputt
dass es sich nicht lohnt
ihn so reparieren

Im grossen Land der Mystiker
Da gab es viele Kritiker
Die hatten von der Kunst
Keinen Dunst

Darüber waren sauer
Die Künstler und ein Schlauer
Holte früh um viere
Gefräßge böse Tiere

Die kamen ins Land der Mystiker
Und fraßen jene Kritiker
Und leckten sich die Schnauzen
Und hatten pralle Plauzen.

(1971)

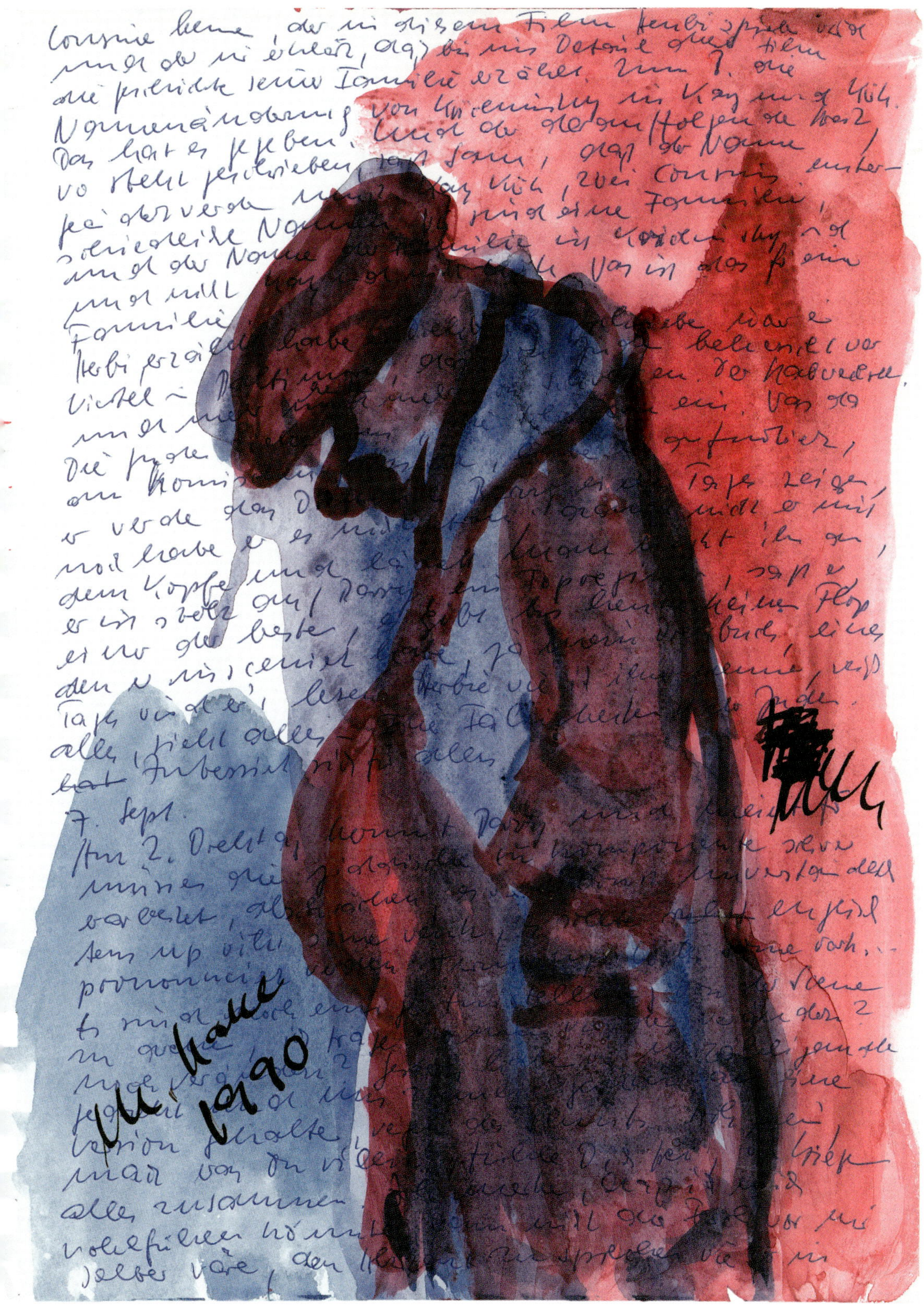
7. Sept.
1990

Der kroatische Trainer sagt:
Wir haben nicht für uns
Wir haben für unser Land gewonnen
Nun müssen die Deutschen Kroatisch lernen
Der Unterlegene muss die Sprache des Überlegenen lernen
Und nach unserm Spiel gegen Frankreich
Werden die Franzosen ebenfalls unsere Sprache lernen müssen
Die ganze Welt wird nach dieser Weltmeisterschaft
Kroatisch lernen müssen
Denn wir sind die Größten
Die kroatischen Fans singen:
Denn heute gehört uns Deutschland
Und morgen die ganze Welt

Bertie Vogts sagt:
Die Deutschen hätten auf dieser Weltmeisterschaft
Den besten Fußball gespielt
Dass wir drei zu null verloren haben
Ist unerklärlich
Ohne rote Karte hätten wir gewonnen
Haushoch
Und Bertie Vogts will den Braten gerochen haben
Der Schiedsrichter war bestochen
Wahrscheinlich waren wir zu stark
Verteidigungsspieler Kohler sagt:
Nicht wir haben verloren
Der Schiedsrichter hat es

Kanzler Kohl trifft den Nagel auf den Kopf er sagt:
Das Leben geht weiter
Was hätte das Leben auch sonst tun sollen?

(1998)

SIE KANNTEN SICH AUS DER SCHULE
Und lebten in einer Stadt
Sie waren sechs und sie gingen
Jeden Freitag zum Skat
Heut ist die Stunde der Wahrheit
Rief der Anwalt kein'n Skat
Heut erzählt jeder aus seinem
Leben die schlechteste Tat
Wir wollen ein Spiel daraus machen
Kopf oder Zahl Zahl ist dran
Der Ehrlichste soll gewinnen
Denn ehrlich sei der Mann

Und noch einen drauf setzt der Anwalt
Wer lügt ist dran mit Blechen
Der muss nicht nur heute bezahln
Auch all die früheren Zechen
Der Anwalt hat angefangen
Doch bald um etliche Grad
Drehte sich seine Geschichte
Zu einer guten Tat
Und schnell war der Bann gebrochen
Man log dass die Balken sich bogen
Und hatte sich wirkungsvoll
Vom Schurken zum Helden gelogen

Na klar so warn sie schon immer
Sie logen wie gedruckt

Und hatten die schlechtesten Taten
Genüsslich wie Wodka geschluckt
Denn der Geist der Verdrehung
Macht gut wie man es wusste
So wurden schon immer gebacken
Helden mit doppelter Kruste
Keiner hat also verloren
Ein jeder ein ehrlicher Mann?
Dann blickten sie auf den Letzten
Komm sagten sie du bist jetzt dran

Er konnte das wussten sie alle
Nicht lügen Gott seis geklagt
Ein Mann für die großen Nöte
Und in der Stadt sehr gefragt
Er sagte zum Anwalt als du
Sie zu quälen hast begonnen
Sie geschlagen aus dem Haus gejagt
Hab ich deine Frau aufgenommen
Und auch ein Kind gezeugt
Ich hoffte du wüssest es schon
Ich bin sehr stolz auf den Jungen
Er ist dein ehrlichster Sohn
Sie schwiegen lange am Skattisch
Für mindestens eine Stunde
Dann sagte der Anwalt heiser
Erregt mit trockenem Munde
Das ist kein Spiel mehr das ist
Der allergemeinste Verrat
Dafür wirst du mir büßen
Für diese schlechteste Tat
Die anderen nickten und blickten

Sie kannten sich noch aus der schule
Und lebten in einer stadt
Sie waren vier und sie gingen
Jeden freitag zum skat

Der vierte passte auf denn
Sie blufften was das zeugs hielt
Damit nicht einer dem besten
Den sieg vor der nase wegstiehlt

Heut ist die stunde der wahrheit
Rief der anwalt kein'n skat
Heut erzaehlt jeder aus seinem
Leben die schlechteste tat

Und keine luegen mein wort drauf
Wer luegt der ist uebel dran
Der muss ein vermoegen bezahlen
(zweitausend euro)
denn ehrlich sei der mann

und er (anwalt) hat angefangen
doch um etliche grad

In den Himmel flackerndes Licht
Und standen auf und spuckten
Beim Abschied ihm ins Gesicht

Der Anwalt verstieß seinen Sohn
Der nun seiner ist
Er hatte doppelt gewonnen
Die Wahrheit am Ende nur List?
Natürlich sann man auf Rache
Und ließ keine Sauerei ruhn
An ihm ging'n die Lügen vorüber
Wie schräge Regen es tun
Vater und Sohn immer blieben
Der Wahrheit verpflichtet jedoch
Der Anwalt mit Hass und Lügen
Schaffte die beiden ins Loch
Die fünfe sannen weiter
Auf Rache am Freitag na klar
Und blieben der Lüge treu bis
Die Kiste Endstation war

(1975)

SPATZENHYMNE

Der Spatz ist der Vogel des Jahres,
weil er auszusterben droht.

Es leben Spatzen
Nicht auf Matratzen
Sie leben schon eine Woch
In einem Mauseloch

Die Mäuse ham Fratzen
Genau wie die Spatzen
Und tun auf Zweigen
Als Spatzen sich zeigen

Und auch die Katzen
Sehn aus wie die Spatzen
Selbst Tiger und Löwe
Sind Spatzen auch Möwe

Der Bär mit den Tatzen
Ist hundertfünf Spatzen
Es spatzt auch das Gnu
Unds Känguru

Die Welt ist voll Spatzen
Nichts läuft mehr auf Tatzen
Der Mensch ist auch Spatz
Und Spatz auch mein Schatz

Man kann alle Welt
Spatzend erleben
Zwar wird viel gezankt
Doch bleibt man jetzt leben

(2002)

ES WAR AN EINEM SONNTAG
Da ging mit neuem Hut
Ein Mann zur großen Feier
Wie mans am Sonntag tut

Der Sonntag war so schön
Der Hut der war es auch
Die Feier nur mit Hut
So war es alter Brauch

Und alle grüßten höflich
Den Mann der sich umschaut
Er hatte grad ermordet
Fünf Kinder und die Braut

Das war an einem Sonntag
Da ging mit neuem Hut
Ein Mann zur großen Feier
Wie mans am Sonntag tut

(1972)

105   CONT   105

OOK   THE WINDOW

mo   as r   fading lue s
ls o   He looks through his scope
moon   rifts his eye fro
nd   s head a   le si
a

Suddenly   for a pencil and paper.
ing   ch   ches:

    loping eyes   rly touching at the center, then
a b   se   an's n   h wiggles into a smile as
th   c touch   mouth and it's g   ning!

He   s the pictu   n the indow sil ...looks to his fa her's
strat   of "   Man in the Moon" signed at the bottom
Ryan, ith love ad."

yan reach s for a pa of crutches. Only now do w realize
his right leg is in a ast up to the knee. An ADM SSION S
BAND is st ll fastened to his wr st

Ry   obbles to his dresser where he finds his   thes washed
atl folded. His ack of soggy ockey ca   rest on

yan u binds his cards, notices they'r boun   one of
 is mother's h ir bands. He shakes his head   s throu
 is   none worse for the wear...stops at his father's
 oi

A   of a memory dawdles in Ryan's con   nce makes
hi   at his Mario Lemieux poster. Th hockey hero
stic   nts to the pale moon outside.

Ryan mimi s Mario's pose and points is crut   the full   *
moon   *

AT THE DOOR

   fore walking out, he pause   next to his   lendar and
detaches the news clipping f r this morning shuttle la nch
Disappointed, he pulls it down.

106   INT. LIVING ROOM - LATE AFTERNOON   106*

Ryan negotiates his way pas the chair Grandpa used to sit   *
in.   *

                              (CONTINUED)

SCHUHE

Es machten die Schuhe Revolution
Man trifft sich früh am Tage schon
Beschwert sich über den Sinn des Lebens
Über das Ewig-getreten-sein
Und fängt an laut durcheinander zu schrein

Da hat der Stiefel gesprochen
Und Ruhe herrscht im Rund
Meine Damen und Herren
Er stampft den Absatz in den Grund

Meine verehrten Schuhe
Ihr Dämlichen ihr Herrlichen
Ihr Geschlossenen ihr Spärlichen
Ihr Matten ihr Polierten
Ihr Gewichsten ihr Geschmierten
Ihr Linken und ihr Rechten
Ihr Guten und ihr Schlechten
Meine verwandten Schnürschuhe
Ihr beklagt euch übers Getretensein?
Ich werde nicht getreten ich trete selbst
Ich trete nach hinten ich trete nach vorn
Ich trete auf Saaten ich trete aufs Korn
Ich trete am besten in einem Krieg
Durch Schlamm über Leichen für meinen Sieg

Unter den Schuhen beginnt ein Schurren
Ein leises Trampeln und ein Murren
Allmählich hektisches Treiben im Saal
Geschimpfe Gehetze mit einem Mal
Ein Laufen und ein Sich-Verstecken
Ein Springen über Wiesen Hecken
Ein Flitzen über Brück und Straßen
In die Schränke in die Kasten
In die Truhen unter Betten
In das Dunkle sich zu retten
Zu den Mäusen zu den Ratten
Zu den Stauben zu den Matten

Nur die Schnürschuhe blieben da
Sie schrien es lebe der Stiefel hurra, hurra
Und gliedern sich ein in Reih und Glied
Und singen dem Stiefel zu Ehren ein Lied

Und weil du Stiefel so lang bist und groß
Drum bist du nicht was Gewöhnliches bloß
Und weil du so außergewöhnlich bist
Das macht du sollst leben so lang wie du bist

(1964)

EIN HUT DER SCHON VIEL VON DER WELT GESEHEN
Und des öfteren den Kopf gewechselt hatte
Beschwerte sich über die Hohlheit seines Jetzigen
Und verlangte das Recht
Sich selbst einen Kopf aussuchen zu dürfen
Dies verlangten alle Art von Kopfbedeckungen
Und auch der Stahlhelm
Der so eine Art leitende
Persönlichkeit unter den Hüten war

Es war einmal ein Hut
Der hatte einen Kopf
Der war ihm viel zu dumm
Er mocht ihn nicht darum

Da sagte unser Hut
Er sagte es ganz laut
Ich möcht nen neuen Kopf
Damit man auf mich schaut

Da sagten alle Hüte
Dieser Hut hat recht
Wir wollen neue Köpfe
Die alten sind zu schlecht

Da sagt der dicke Stahlhelm
Das hat doch keinen Zweck
Wenn ihr noch lange Krach macht
Nehm ich die Köpfe weg

Denn was fürn Kopf der Stahlhelm
Der Stahlhelm und der Marsch
Das ist sag ich euch Hüten
Die Hose für den Arsch

Und lacht der dicke Stahlhelm
Die vielen Hüte aus
Die waren still geworden
Und schlichen schnell nach Haus

(1964)

MAN SAGT: DER INDER SHEKAR KAPUR HABE BEWIESEN
Dass die Macht des Geistes
Stärker ist
Als die Macht des Körpers
Er habe sich lebendig beerdigen lassen
Nach vierzig Tagen wurde er ausgegraben
Er lebte noch
Damit sei der Beweis erbracht
Sagte er

Man sagt: der Inder Shekar Kapur habe bewiesen
Dass die Macht des Geistes
Stärker ist
Als die Macht des Körpers
Er habe sich ein zweites Mal lebendig begraben lassen
Nach achtzig Tagen hat man ihn ausgegraben
Er war tot
Damit sei der Beweis erbracht
Sagten die Anderen

(1964)

178

UND ER LÄUFT MIT SCHNELLEM FUSS
Läuft durch Bombays Straßen
Und er saugt mit offner Brust
Bombays Himmel ein

Und er greift sich Bombays Mond
Bombays Sonne hat er
Und sie sehn sich beide an
Mond und Schuhputzer

Kommen viele teure Schuh
Mit den reichen Herrn
Und der Himmel ist so nah
Und die Reichen sind so fern

(1967)

Die Schauspieler blicken auf Labeau, was gespannte Spannung [...]
In diesem Augenblick erscheint Prof. Wolf und setzt sich zur
[...] freien Stuhl neben den Dodds. Kurze Begrüßung
[...] Labeau stehend, lächelt, begrüßt die Schauspieler
mit Kopfnicken, Pause.

DODDS
Kommen sie hier [...]

DODDS mit Nachdruck
Kommen Sie herher...
[...]

LABEAU
So kann ich nicht... wenn... wenn Sie... in diesem Ton gehr es
nicht [...]

DODDS lächelnd
Wie wollen Sie [...]

LABEAU
Normal. Ich bin doch kein Hund... treten sie [...] fragen sie [...]
Marinelli feixt, Wodrich schüttelt den Kopf, [...] blickt [...]
auf die Schuhspitzen, Perlman verschränkt die [...] hintern Kopf
Wirlie Fraser und Dommitzkl blicken Labeau [...]
schiedliche Reaktionen.

DODDS nicht übertreibend aber freundlich
Dann kommen sie bitte hierher. Ich möchte, daß Sie noch genau von
vorne sehen... (Labeau geht langsam zur Dodds, wenn gleich ihn
anzuspüren ist, daß er es unwillig tut...) Sehen sie, jeder
unserer Schauspieler befolgt meiner Anweisungen. Ich will keinen
blinden Gehorsam, das ist ein Teil der Therapie. Ihrer Widerstand
macht sie zu. Sie sollen sich öffnen, erst dann können wir
Ihnen helfen. (Dies sagt zu den Schauspielern) Ich bitte, daß
sie sich nach dieser Stunde mit Herrn Labeau beschäftigen.
(Marcello hat Labeau einen Stuhl geholt. Sodann [xxxxxxxxx]
und Labeau stzt sich, zögernd)

DODDS
Beginnen wir. Das oberste Gebot [...] Widerstand auf [...]

ICH HAB NICHTS FÜR DIE SEELE
Ich armes schwaches Weib
Ich hab nichts mehr zu glauben
In dieser schweren Zeit

Gott ham sie mir genommen
Den Teufel ließens da
Kann man dem Teufel glauben
Kann der mir helfen ja?

(1978)

Maria Anjos aus São Paulo
Hat zur Hilfe nur den Mond
Der zeigt ihr in schwarzen Nächten
Wo es sich zu stehlen lohnt

Drei Cruzeiros stahl Maria
Von nem Freier reich und stinkend
Auf dem Weg zu Bom Jardim
Schwach vor Hunger schleppend hinkend

Ham Sie Brot für meinen Hunger
Bom Jardim antwortet nein
Hier ich habe drei Cruzeiros
Viel zu wenig Bom sagt nein

Bom Jardim verkauft nur Reichen
Schmalz und Brot was es auch sei
Eine schmierige Verbeugung
Ist im Preise mit dabei

Und mit Hunger ist Maria
Bei den Armen gar nichts wert
Und der Morgen wär so schön
Hätt der Hunger nicht gestört

1967

Maria anjos aus sao paulo
Hat zur hilfe nur den mond
Der zeigt ihr in hungernächten
Wo es sich zu stehlen lohnt

Drei cruzeiros stahl maria
Von nem Freier reich und stinkend
Auf dem Weg zu Bom Jardim
Schwankt vor Hunger, schleppend, hinkend

Haben sie brot für meinen hunger
Bom jardim antwortet nein

Und sie schlich den ganzen Tag
Bis zur Nacht zum weißen Mond
Und sie gab die drei Cruzeiros
Einem der im Abfall wohnt

Und am Morgen, in der Kirche
Hat Maria sich erhängt
Neben Christus am Altar den
Kopf auf seinen Kopf gesenkt …

(1967)

BÄUME WERDEN SELTEN
In diesen Vorkriegswelten
Die Berge umgefallen
Die schweren Wellen lallen
Und schleppen ihr Geblüt
Ans Ufer müd
Es findet der Blick
Den Horizont nicht mehr
Die Winde vertrolln sich
Ins Abendrot
Vielleicht bin ich schon tot
Zum Abendbrot
Ich besinge die Rinde
Weil ich keine Bäume
Mehr finde

(1982)

Es tanzt Katrina wilde
Nach New Orleans hinein
Man hat sie nicht erwartet
So stark brutal gemein

Es liegen quer die Bäume
Die hat sie rausgerissen
Häuser Brücken Kirchen
Hat sie auf dem Gewissen

Und Menschen große Massen
Tod und weggeratzt
Es stehen nur die Banken
Die blieben ungekratzt

Doch jetzt im Jahr null acht
Hat sie es auch getroffen
Die Banken unter Wasser
Im Meere halb ersoffen

Hat Bush sie gar gerettet?
Das wird ja immer bunter
Die Banken die verdienen
Auch unter Wasser munter …

(2008)

Letzte Dinge

Die Poetischen

Davor habe ich Angst:

1.
Dass ich zufrieden bin
Außer
Man fordert von mir

2.
Dass ich mich nicht verändere
Außer
Ich werde unansehnlicher

3.
Dass mich nichts erfreut
Außer
Mein Erfolg

4.
Dass mich nichts aufregt
Außer
Man gibt mir nicht recht

5.
Dass mein Tod nicht bemerkt wird
Außer
Durch meine zurückgelassene Unordnung

(1967)

The Enemy

by
Jennie

based on the book
Desmond Bagley

To paint is to love again
Big Sur 1960   Henry Miller

WENN DIE SONNE SCHEINT
Zieht er den dicken Mantel aus

Wenn die Sonne geht
Zieht er den dicken Mantel an

Wenn der Regen kommt
Stellt er sich unter einen Baum

Was es auch gibt
Immer weiß er sich zu helfen

Doch wenn der Tod geht
Geht er mit und sieht nicht gut aus

(1968)

ES GIBT TAGE
Da sag ich zu meinem Kind
Sieh dir die Großen an
Wie dumm sie sind

Es gibt Tage
Die Welt rotes Tuch
Da sind falsche Freunde
Und Lügen ein Fluch

Es gibt Tage
Da bin ich so unversöhnt
Da hätt ich mir am liebsten
Die Menschen abgewöhnt

(1976)

Es gibt tage
Da sage ich zu meinem kind
Sieh dir die großen an
Wie dumm sie sind

Es gibt tage
Da bin ich so unversöhnt
Da hätt ich mir am liebsten
Die menschen abgewöhnt

VERFLUCHTES ALTER, MÖRDER DU
Du gehst mir an den Kragen
Und steckst in meinen Körper mir
Gebrechen und Verzagen

Du gehst mir an Gehirn und Bein
Und lässt mich kaum noch hoffen
Das Wissen das ich früher hatt'
Ist mir im Kopf ersoffen

Fast alle meine Feinde sind
Zu Asch und Staub geworden
Dabei, ich könnte, Gott vergibs
Sie heute noch ermorden

Mit der Verwandtschaft sapperlot
Gabs manchen Höllentanz
Seitdem sehn wir uns allseitig
Aus größerer Distanz

Dank sag ich meiner lieben Frau
Die mich hat still ertragen
Ansonsten schließ ichs Leben ab
Mit einem Kopf voll Fragen

Der Eintrittspreis ins Paradies
Ist meine Weltanschauung
Verbuddelt hab ich meinen Kies
Schon vor der ersten Trauung

Die Stelle habe ich markiert
Schrieb sie auf meine Pelle
Vertraue niemandem wenn doch
Den Engeln in der Hölle …

(2005)

WANN?

Die ganze Angeberei
Geht dem Ende entgegen
Ich werde nicht mehr
Erfolgspläne hegen
Die Quelle versiegt
Erloschen mein Streben
Der Schlaf nimmt zu
Und ab Lust auf Leben

(2009)

ICH HAB EIN LIED GESUNGEN
Kann ich den Augen traun
Um mich herum da scharen sich
Die allerschönsten Fraun

Wir ham dein Lied gehört
Und kommen adieu zu sagen
Wir kennen deine Lieder noch
Aus alten Jugendtagen

Wieso seid ihr so jung und schön
Warum nur ich so alt
Ihr kennt mich aus den Jugendtagen
Und sagt adieu so bald?

Ja, Lieber du musst gehn
Auch wir sind achtzig Jahr
Doch sehen wir wie zwanzig aus
Das scheint recht sonderbar

Das scheint nicht nur, das ist auch so
Ich will nicht weg von hier
Ich glaube ich erkenne euch
Die Augen schwimmen mir

Dass sie dir schwimmen ist nicht schlimm
Du wirst sogleich begraben
Wir schaufeln eine Grube aus
Du sollst es gut drin haben

O schaufelt nicht ich bitte euch
Ihr seid so alt wie ich?
Wie kommt es dass ihr zwanzig seid
Ich achtzig frag ich mich

O frage nicht wir werfen dich
Jetzt in die kalte Gruft
Ja falle nur wir fallen auch
Du ahnungsloser Schuft

O nein o nein ich will es nicht
Ich will nicht in das Loch
Ich wehre und ich weigre mich
Und fall am Ende doch

Hinein mit dir und Erde drauf
Bist gestern Nacht gestorben
Wir haben doch mit deinem Lied
Für deinen Tod geworben

Ich schreie was und hör mich nicht
Mit meinem Lied geworben?
Dann bin ich wohl, o sagt es mir
Für dieses Lied gestorben?

Gestorben ja doch wollen wir
Die Ruhe hier nicht stören
Die Toten aber wollen dich
Im Grabe unten hören

Dann bitte sagt mir noch
Sind meine Lieder recht
Denn einige die sagten mir
Die Lieder seien schlecht

O nein sei ruhig ganz gewiss
Die Toten standen Schlange
Sie wollen deine Lieder hören
Und sind vor gar nichts bange

Ich denke nicht ich fühle doch
Hier unten viele Leiber
Sie drücken und zerquetschen mich
Seid ihr nicht meine Weiber?

O ja jetzt seh ich wieder klar
Und ich erkenn euch wieder
Obwohl so dunkel und ich hör
Ihr singt mir meine Lieder

Die Anne hier und da die Ev
Es klingt ganz wunderbar
Und tot bin ich und lebe doch
Auch ich bin zwanzig Jahr

Wie schön ist nach dem Tode sein
Mein Lied hat es gebracht
Mit zwanzig lieb ich achtzig Jahr
Dann bin ich – aufgewacht …

(2009)

ICH KOMME AUS DEM NICHTS.
Ich gehe in das Nichts.
Hab gelernet wegen nichts.
Hab gekämpfet wegen nichts.
Wurd geschlagen wegen nichts.
Wurd gehangen wegen nichts.
Bin nun tot, und wieder nichts.

(2008)

Die ersten Gedichte und Lieder dieses Bandes stammen schon aus den sechziger Jahren. Erinnern Sie sich noch an den Moment, als die Muse zum ersten Mal ins Zimmer trat?

Ich erinnere mich sehr gut, denn das war 1962 in Havanna, mitten in der Kubakrise. Wir drehten dort *Preludio 11*, als die Seeblockade der US-Marine begann. Wir saßen mit einem französischen und einem sowjetischen Filmteam zusammen, als die Kriegsschiffe aufkreuzten. Die DDR-Delegation unter Kurt Maetzig wollte am liebsten auf die *Völkerfreundschaft* flüchten, die gerade im Hafen lag. Die Franzosen hatten sich schon kubanische Uniformen besorgt und wollten in den Kampf ziehen, und die Russen waren besoffen. Bei den Russen saß Jewgeni Jewtuschenko, und der brasilianische Dokumentarist Cavalcanti versuchte, für seinen neuen Film ein Gedicht von ihm zu bekommen. Jewtuschenko nickte immerzu, aber es sah nicht danach aus, als ob er irgendwann aufstehen und dichten gehen würde. Cavalcanti hatte ihm die Szene ausführlich beschrieben: Kinder sitzen im Kreis und erzählen sich ein Märchen, und plötzlich steigt hinter ihrem Rücken eine riesige weiße Wolke auf. Sie drehen sich um und staunen, wie schön die Farben dieser Wolke sind, und dann sieht man, dass es ein Atompilz ist. Ich sah diese Szene vor mir, ging in mein Hotelzimmer, griff mir meine Gitarre und schrieb, auch nicht mehr ganz nüchtern, das Lied vom Reiter, der bis an den Horizont reitet, dort auf die rote Sonne steigt und dann mit ihr in den Abgrund stürzt. Als das Lied fertig war, war ich davon überzeugt, Shakespeare aus dem Feld geschlagen zu haben und Jewtuschenko sowieso. Am nächsten Morgen wachte ich auf, und da lag zwar nicht Havanna in Schutt und Asche, aber ich sah, dass von meinem Lied gerade mal ein Vierzeiler übriggeblieben war. Daraus machte ich dann ein neues Lied, das ich Cavalcanti vorspielte. Der hatte zum Schluss sogar einen kleinen Glanz in den Augen und nahm den Text und die Noten mit. Zwei Jahre später schrieb er mir, er hätte das Lied für den Film verwendet, und es hätte wunderbar gepasst. Das hat mir natürlich Mut gemacht, und deshalb habe ich weitergeschrieben.

Der leichte, liedhafte Ton Ihrer Gedichte erinnert an Bellman und Heine. Welche Dichter haben Sie damals gelesen, welche begleiten Sie noch heute?

Ich habe wieder und wieder Heine gelesen, vor allem sein *Buch der Lieder* und einiges daraus auch vertont und gesungen. Ebenso liebte ich die Eichendorff-Lieder in den Vertonungen von Schumann und die Winterreise von Schubert. Diese Lieder bewegten mich sehr und bewegen mich immer noch. An Heine schätzte ich vor allem seinen Sarkasmus und die Eleganz seiner Verse, ein Dichter, der wahrscheinlich sogar in Reimen denken konnte.

Außerdem gab es damals meine erste Begegnung mit François Villon in den Übertragungen von Paul Zech. Villon hat mich so begeistert, dass ich ein Stück über ihn geschrieben habe. Das war ein revolutionärer Dichter für mein junges, revolutionäres Herz. Das Stück habe ich geschrieben, weil ich unbedingt den Villon spielen wollte, um die Frechheit und die Kraft seiner Gedichte auf die Bühne zu bringen. Es ist nie aufgeführt worden, und das ist wohl auch besser so, aber dafür habe ich einige von Villons Liedern vertont.

Anna, Elsbeth, Dagmar, Henriette, Franziska und Katja – die sechziger Jahre waren nicht nur poetisch, sondern auch erotisch offenbar ungemein ergiebig. War Ihr Lebensgefühl damals trotz Mauerbau und Kaltem Krieg tatsächlich so leicht und unbeschwert wie in diesen Liebesgedichten?

Nachdem die Mauer hochgezogen war, spazierten all die schönen Ostberliner Mädchen, die vorher auf dem Ku'damm flanieren waren, wieder

Unter den Linden. Das war der einzige Trost dieser Zeit, und da ich damals drei Filme pro Jahr drehte, war ich nicht ganz unbekannt. Das half mitunter, die jungen Damen zu gewinnen.

Dann sind Sie also wie Heine Unter den Linden spazieren gegangen und haben Ihren Freundinnen nachts mit Blick aufs Brandenburger Tor Lieder von Villon vorgesungen?

Nein, dazu hatte ich gar keine Zeit. Aber mit meinem Freund Bodo Weidemann, mit dem ich zusammen Musik studiert hatte und der ein wunderbarer Pianist war, habe ich musikalische Abende einstudiert. Er hat Schumann gespielt, und ich habe dazu Heine rezitiert. Schumann war ja ein sehr poetischer Musiker, und seine Lieder beschäftigen mich noch immer. Ich habe gerade eine Serie von mehr als fünfzig Bildern zu den Davidsbündlern gemalt und zu Schumanns Figuren Florestan und Eusebius. Unter diesen Pseudonymen hat er ja nicht nur Kritiken geschrieben, sondern auch komponiert. Das ist eine Musik, die leider vollkommen in Vergessenheit geraten ist, diese *Davidsbündlertänze*. Unsere Heine- und Schumann-Abende waren übrigens immer gut besucht, nicht nur von den schönen Ostberliner Mädchen.

Der Gaukler *ist Ihr bekanntestes Gedicht und hat Sie – mit Zylinder und Geige – zu einem Publikumsliebling in Ost und West gemacht. Wie ist dieses Lied entstanden?*

Das habe ich geschrieben, als ich fünfzehn Jahre lang Gaukler war, da hieß es noch: *Ick bin schon Gaukler über fuffzehn Jahr …* Zuerst hatte ich dafür eine Melodie im Kopf, aber noch keinen Text. Dann gab es diesen Anlass und ich dachte mir, warum nicht? Fünfzehn Jahre Gaukler, das ist doch ein Lied wert. Inzwischen musste ich den Refrain schon ein paar Mal ändern, jetzt heißt er: *Ick bin schon Gaukler über sechzich Jahr.* Aber die Frage vom Schluss steht immer noch – piekt's nicht doch, wenn keiner mehr ein Autogramm will, weil dich keiner mehr erkennt? Aber so weit ist es bisher Gott sei Dank noch nicht gekommen.

Viele Gaukler-Gedichte handeln auch von den Gefahren des Berufs, vom Absturz in Alter und Einsamkeit, von der Angst vor dem Vergessenwerden. Das scheint in Babelsberg nicht anders gewesen zu sein als in Hollywood?

In Hollywood geht das Vergessen nicht ganz so schnell, da wird an die Großen des Films an jeder Ecke erinnert – von Chaplin bis James Dean, von Mae West bis Marilyn Monroe. Als ich von Geraldine Chaplin den Mendelssohn-Preis überreicht bekam, über den ich mich sehr gefreut habe, sagte ich zu ihr: Die Filme Ihres Vaters wird man auch noch in zweihundert Jahren zeigen.

Ich dachte nicht so sehr an die großen Ikonen, sondern eher an Schauspieler wie George C. Scott, mit dem Sie ja auch zusammengearbeitet und über den Sie ein Gedicht geschrieben haben.

Mit George war ich gut befreundet. Der war nicht nur ein wunderbarer Schauspieler, sondern auch ein großer Realist, der sich weder über Hollywood noch über den Rest der Welt irgendwelche Illusionen gemacht hat. Das hat mir sehr imponiert, und das habe ich in diesem Gedicht festzuhalten versucht. Solche Leute geraten ja heutzutage im Zeitalter des Internet und der pausenlosen Filmpremieren schnell in Vergessenheit.

Obwohl George C. Scott der einzige Schauspieler war, der je einen Oscar abgelehnt hat.

Von dieser Geschichte gibt es mehrere Versionen, und ein paar Leute behaupten, er hätte das nur gemacht, um die Academy zu ärgern. Als ich 1997 eine Oscar-Nominierung für meine Rolle in *Shine* bekam, drehten wir gerade zusammen *Die zwölf Geschworenen*. Als ich ins Studio kam, stand Jack Lemmon da mit einer Flasche Champagner und gratulierte mir überschwänglich. George kam etwas später, als wir schon saßen und unsere Texte durchgingen, aber die Champagnergläser standen noch auf dem Tisch. *Was ist denn hier los?* fragte er in seiner üblichen bärbeißigen Art. Als Jack antwortete: *Armin ist für einen Oscar nominiert!*, machte er nur eine verächtliche Handbewegung und sagte: *An Oscar, so what?*

Seit Ende der achtziger Jahre drehen und leben Sie zwischen Europa und den USA. Hat sich das auch auf Ihr Schreiben ausgewirkt? Nimmt das Englische Einfluss aufs Deutsche?

Nein, überhaupt nicht. Wenn ich in Los Angeles oder sonstwo drehe, dann ist das Englische natürlich die Umgangssprache, aber aufs Schreiben hat es keinen Einfluss. Ich lese zwar immer wieder bei den Shakespeare-Forschern, dass das Englische viel metaphernreicher und musikalischer ist als das Deutsche, aber die deutsche Sprache ist meine Heimat. Ich wollte mal einen großen Familienroman schreiben, über meine Verwandtschaft, die ihre Wurzeln an der Ostsee hat und die ich bis ins fünfzehnte Jahrhundert zurückverfolgen kann. Dann traf ich auf einer Party in Santa Monica Péter Esterházy, von dem gerade ein neuer Roman erschienen war, an dem er acht Jahre gearbeitet hatte. Als er mir das erzählte, wusste ich, dass aus mir kein Romanautor mehr werden würde, nicht nur aus Zeitgründen. Das Malen ist inzwischen zu meiner größten Leidenschaft geworden und wird es auch in Zukunft bleiben.

In Ihren Erinnerungen Unterwegs nach Hause *erwähnen Sie, dass Sie an Deutschland besonders die Sprache lieben, aber auch die Landschaften der Ostsee, die Küste und die blühenden Rapsfelder. Dennoch kommen Landschaften weder in Ihren Bildern noch in Ihren Gedichten vor.*

Das stimmt. Wahrscheinlich reicht es mir, diese Landschaften vor mir zu sehen und ihre Schönheit zu genießen. Ich habe oft die Wolken am Pazifik beobachtet, wie sie sich plötzlich über dem Wasser auflösen und verschwinden und dann abends wie die Gaukler zum Sonnenuntergang wieder da sind. Aber Sonnenuntergänge werden Sie von mir nicht finden. Ich habe neulich einen Brief von einem Pariser Maler bekommen, der schrieb: *Lieber Herr Mueller-Stahl, ich schätze Sie als Schauspieler, aber noch mehr als Zeichner. Für mich gibt es nur noch einen anderen Künstler, der auf zwei Gebieten gleich stark begabt war und das ist Victor Hugo.* Das klingt jetzt so eitel, dass ich es gar nicht zitieren dürfte, aber ich zitiere es nur, um anzumerken: so begabt, dass ich Landschaften in Bilder oder Gedichte transformieren könnte, bin ich leider nicht.

Ihre politischen Texte sind ungleich schärfer und bitterer als die Liebeslieder oder die Künstlergedichte. Hat das auch damit zu tun, dass die Politik schon sehr früh in Ihr Leben getreten ist?

Allerdings. Ich habe in meinem langen Leben immer wieder erlebt, wie Ungerechtigkeit und Brutalität den Lauf der Welt bestimmen, im Kleinen wie im Großen. Am Anfang war ich als junger Schauspieler an der Volksbühne einigermaßen beliebt, aber als ich zu filmen anfing und damit auch noch Erfolg hatte, hörte das schlagartig auf. Als ich 1972 den Nationalpreis bekam, herrschte in der Kantine eisiges Schweigen. Und als ich dann später in den USA *America* drehte und noch einen DDR-Pass besaß, veranstalteten meine Kollegen ein kleines Tribunal, von dem ich später in meinen Stasiakten las und über das ich dann ein Gedicht geschrieben habe. Das ist auch ein Weg, mit Gemeinheit und Verrat fertig zu werden, damals wie heute.

Sie erinnern in Ihren Gedichten auch an vergessene Filmgeschichte und vergessene Regisseure der DDR. Die Ballade von Johny Fowler *schrieben Sie 1966 für Ulrich Theins Film* Columbus 64, *der nach dem Dreh von der*

Zensur bis zur Unkenntlichkeit geschnitten wurde. Ulrich Thein war ein ebenso vielseitiger Künstler wie Sie, Schauspieler und Regisseur, Musiker und Autor. Denken Sie manchmal auch an jene Kollegen, die nicht zu Kreuze gekrochen sind, aber die DDR trotzdem nicht verlassen konnten oder wollten?

An Uli Thein denke ich oft, denn er war einer der wenigen wirklich integren Leute. Er hatte für diesen Film das wunderbare Lied *Warte nicht auf bessre Zeiten* von Wolf Biermann vorgesehen. Das wurde ihm dann mitten beim Drehen verboten, und dann fehlte an dieser Stelle ein musikalischer Moment. Also setzte ich mich hin und schrieb für ihn den *Johny Fowler*. Aber der flog dann ebenfalls raus, die Zensoren lasen sehr genau und der Refrain: *Ich weiß, was ich weiß / Ich geh übers Eis* war ihnen wohl zu doppeldeutig, wie schließlich der ganze Film. Uli hat das lange nicht verwunden, und ich denke manchmal, was hätte aus ihm werden können, wenn er damals gegangen wäre.

In Abschiedsfeuer *von 1976 beschreiben Sie Ihren eigenen Abschied, wie Sie Erinnerungen aus Ihrer Kinderzeit bis zu den letzten DEFA-Drehbüchern im Garten verbrennen. War das ein poetisches oder auch ein reales Feuerwerk?*

Ein sehr reales. Die Idee kam mir, als ich beim Verbrennen von Papieren war, die ich nicht mitnehmen konnte oder wollte. Ich sah die Asche meines DDR-Ruhms über der Spree aufsteigen und plötzlich bemerkte ich, dass ich meinen kleinen Scheiterhaufen mitten auf einer Ameisenstraße errichtet hatte. Ich sah die kleinen Tiere den Flammen und der Hitze ausweichen und dachte, dass die ja eigentlich mit meinem Schicksal nichts zu tun hatten und nun doch davon betroffen waren. Sie taten mir leid, und gleichzeitig bewunderte ich sie, wie sie so stoisch ihren Weg fortsetzten. Dann sah ich zum Himmel, der fliegenden Asche nach und dachte: hier unten wir Ameisen und da oben Milliarden von Sternen,

Lichtjahre voneinander entfernt. Dieser Gedanke machte mir merkwürdigerweise wieder Mut, das alles nicht so tragisch zu nehmen und meinen Weg weiterzugehen, wie die Ameisen.

Viele Texte, die an ehemalige Freunde und Kollegen erinnern, klingen wie Abschiedsgedichte. Die Geister aus der Ferne sind näher als die Freunde der Gegenwart, *haben Sie einmal gesagt. Kommen die Geister aus der Ferne beim Schreiben wieder?*

Viele der Menschen, die für mich im Leben wichtig waren, sind schon gegangen, manche schon vor langer Zeit. Aber sie verschwinden deswegen ja nicht, sie bleiben bis zum Ende des Lebens in meinen Erinnerungen – von meinen Eltern und Geschwistern bis zu den Freunden in Amerika. Aber das Thema Abschied beschäftigt mich zur Zeit schon sehr, auch in der Malerei. Ich erinnere mich oft an die Stimmen von toten Freunden: Frank Beyer, Klaus Poche, Uli Thein. So findet sich dann manchmal ein Gedicht auf einem Porträt, weil es einfach dazugehört. Ich versuche, trotz des Abschieds die Erinnerungen festzuhalten, in einer Art gemalter Zeitchronik.

Die Plagen der Welt *gehen Ihnen auch in Kalifornien nicht aus dem Kopf, Ihre späten Gedichte sprechen von Krieg, Terror und Naturkatastrophen. Sie sind rau und lakonisch. Macht die Wut über das Unrecht auch Ihre Stimme heiser, wie Brecht einmal schrieb?*

Viele dieser Gedichte sind zu Bildern entstanden, an denen ich damals, gegen Ende der neunziger Jahre, gearbeitet habe. Die brutalen Kriege in Afghanistan und im Irak, bei denen Bomben auf eine wehrlose Zivilbevölkerung geworfen werden und sich die Politiker hinterher im Fernsehen mit ein paar Betroffenheitsfloskeln herausreden. Ich sehe, wie die Charaktermissgeburten sich auf allen Ebenen von Politik und Wirtschaft immer breiter machen, und ich kann dazu nicht schweigen, bis heute nicht. Auf der anderen Seite werden die Menschen, denen man noch vertrauen kann, immer wichtiger, und für die malt und schreibt man schließlich und nicht für die anderen, denen die Kunst sowieso egal ist. Für die berühmten sechs Freunde, die man am Ende seines Lebens um einen Tisch versammeln will.

Das letzte Lied dieser Sammlung hat wieder einen leichten, humorvollen Ton, obwohl es von Ihrer eigenen Beerdigung handelt. Ist es leichter zu gehen, wenn man erreicht hat, was man erreichen wollte? Oder gibt es noch einen Narren oder einen König, den Sie gern spielen, ein Buch, das Sie gern noch schreiben würden?

Ich glaube nicht, dass Erfolg oder Ruhm beim Abschiednehmen helfen. Es geht doch am Ende nur darum, wie man in die Kiste steigt, und wenn es irgend geht, möchte ich fröhlich in die Kiste. Was Ihre zweite Frage betrifft, so herrscht an Angeboten kein Mangel, aber ehrlich gesagt, ich sehe mich nicht mehr so wahnsinnig gern auf der Leinwand. Allerdings gibt es einen Stoff, den ich schon lange mit mir herumtrage, eine Geschichte über ein Heim für erfolglose Schauspieler in Los Angeles. In dieser Geschichte würde ich auch noch mit neunzig mitspielen. Das wäre ein wunderbarer Abschied vom Film. Aber malen und musizieren werde ich, bis der Kistendeckel zuklappt.

Das Gespräch wurde am 7. März 2010 in Sierksdorf/Schleswig-Holstein geführt.

Holger Teschke, 1958 in Bergen auf Rügen geboren, arbeitet als Autor und Regisseur, ist Fellow am Mount Holyoke College in Massachusetts und unterrichtet Theatergeschichte und Dramaturgie an der Hochschule für Schauspielkunst »Ernst Busch« in Berlin. Er schreibt Stücke, Hörspiele, Lyrik und Prosa.

Inhalt

Auf und ab

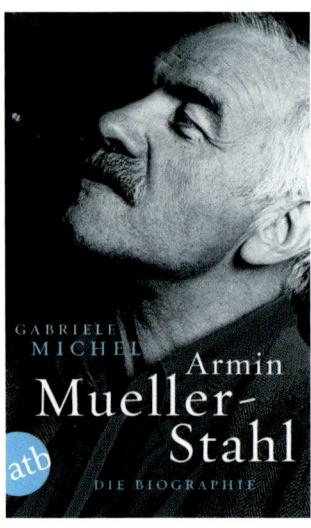

GABRIELE MICHEL
Armin Mueller-Stahl
Die Biographie
400 Seiten
ISBN 978-3-7466-2659-8

»Dieser Mann ist ein Gesamtkunstwerk!«

JÜRGEN FLIMM

Geboren im ostpreußischen Tilsit, avancierte Armin Mueller-Stahl zu einem der beliebtesten Schauspieler der DEFA, bis er die DDR verließ und schließlich Hollywood eroberte. Daneben hat er als Autor und als bildender Künstler Erfolg beim Publikum. Diese erste umfassende Biographie basiert auf zahlreichen Gesprächen mit Mueller-Stahl selbst sowie vielen seiner Weggefährten.

aufbau taschenbuch

ARMIN MUELLER-STAHL
Verordneter Sonntag
Roman
240 Seiten
ISBN 978-3-7466-2658-1

Sein erster Roman

Die Zeit vor seiner Ausreise nach Westdeutschland wurde für Armin
Mueller-Stahl zum »Verordneten Sonntag«, denn nach seinem Protest
gegen die Ausbürgerung Wolf Biermanns erhielt er kaum noch Rollen-
angebote. In diesem Roman beschreibt er auf beeindruckende Weise den
existentiellen Konflikt eines Menschen, der vor einer grundlegenden
Entscheidung steht: Bleiben und Anpassen, Resignieren und Zugrunde-
gehen oder das Land verlassen – das einzigartige Dokument einer
»bleiernen Zeit«.

atb aufbau taschenbuch